아이디어를 발명으로

양 세 훈 지음

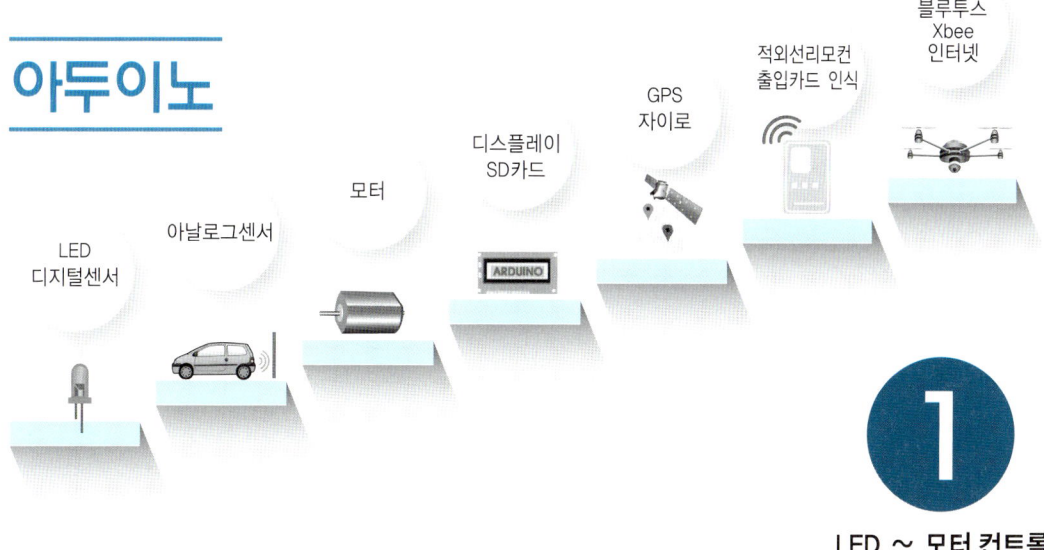

아두이노

LED 디지털센서 · 아날로그센서 · 모터 · 디스플레이 SD카드 · GPS 자이로 · 적외선리모컨 출입카드 인식 · 블루투스 Xbee 인터넷

1

LED ~ 모터 컨트롤

아이디어를 발명으로 아두이노 I

2015년 6월 17일 1판 1쇄 발행

저자	양세훈
발행자	김남일
발행처	TOMATO

서울특별시 동대문구 답십리로38길 56 월드시티빌딩 501호
TEL 0502-600-4925 FAX 0502-600-4924
HOMEPAGE www.tomatobooks.co.kr

Copyright © 양세훈, 2015, Printed in Korea
ISBN 978-89-91068-66-7 13000

아이디어를 발명으로

아두이노

서론

파킨슨 씨 병을 앓고 있는 사람은 손이 떨리는 수전증으로 글씨를 쓸 수 없다. 이를 안타깝게 생각한 젊은 부부는 아두이노라는 툴을 사용하여 상쇄 진동을 발생시키는 필기구를 발명하였다. 수십 년 동안 글씨를 써보지 못하던 환자는 한 글자 한 글자 써내러 가면서 감격에 목이 메었다.

기술은 발명하는 사람에게는 성취감을 안겨 주고, 사용자에게는 새로운 세상을 경험하게 해준다.

우리는 생활 하면서 이런 것이 있으면 좋겠다 하는 꽤 괜찮은 아이디어들을 생각해 낸다. 그러나 막상 그것을 구현해 보려면 쉽지 않다. 전문가를 찾는 일도 쉽지 않고 다행히 만들 수 있다는 곳을 찾아도 첫 테스트 제품을 만드는 가격조차 만만하지 않아 포기하는 경우가 많다.

자신이 만드는 방법을 이해하고 있어야 필요할 때 다른 사람에게 일을 정확하게 의뢰할 수도 있다. 이 책은 자신의 아이디어를 직접 구현해보고 싶어 하는 그러나 소프트웨어나 하드웨어를 잘 알지 못하는 사람들을 위하여 만들어졌다.

이전에는 조그만 반도체 칩을 사용하여 소형 모터를 구동하거나, 실내 전등을 유선 또는 무선으로 컨트롤 하는 일은 오랜 기간 교육을 받은 전문가들만 할 수 있는 일이었다. 그러나 지금은 달라졌다.

아두이노는 무엇인가?

아두이노는 이탈리아 디자인 대학에서 예술 전공 학생들이 쉽게 전자 기술을 이용할 수 있도록 만든 소프트웨어와 하드웨어 보드이다. 손바닥 안에 들어가는 사이즈의 하드웨어 보드와 컴퓨터 메모장 같은 소프트웨어 작성 메모판으로 이루어져 있다. 일반인들을 가장 괴롭혔던 소프트웨어 작성이 매우 쉽게 되었다는 것이 아두이노의 큰 강점이다. 그림 스케치 하듯 하면 된다고 해서 아두이노 소프트웨어 작성을 공식적으로 '스케치' 작성이라고 부른다.

아두이노 하드웨어에는 반도체 칩이 장착되어 있다. 소프트웨어인 스케치를 이곳으로 보내면 LED를 시간대별로 ON OFF 시키고, 모터를 돌려 자동차를 구동시키고, 온도습도를 측정하여 보고 하는 일뿐만 아니라 홈 오토메이션, 드론 제작 등 많은 종류의 일을 시킬 수 있다.

왜 아두이노인가?

아두이노와 비슷해 보이는 하드웨어 보드는 몇 종류가 있다. 대표적인 것이 영국에서 어린 학생들과 일반인의 전자기술 능력을 향상시킬 목적으로 제작된 라즈베리 파이 보드가 있고, CPU 회사로 유명한 미국의 인텔이 생산하는 갈릴레오 보드가 있다. 모두 성능이 우수한 보드들이다.

첫 번째 차이점으로 아두이노는 외부 기기를 컨트롤하기 쉽게 하는 마이크로 컨트롤러인 MCU 칩을 사용하고 있다. 라즈베리 파이는 계산에 유리한 CPU 칩을 장착하고 있다. 갈릴레오도 마찬가지로 CPU를 장착하여 아두이노 보다 수학계산을 빠르게 할 수 있다. 두 번째 차이점은 아두이노는 자체 개발한 소프트웨어를 사용하고 있는 반면 라즈베리 파이와 갈릴레오는 리눅스를 OS로 사용하고 있다.

센서에서 데이터를 받아 기기를 컨트롤 하는 프로젝트에 사용하려면 아두이노가 최적의 보드이고, 모니터와 키보드를 연결하여 사용할 수 있는 노트북 대체 보드를 원한다면 라즈베리 보드를 사용하는 것이 유리하다.

아두이노의 최대 장점은 소프트웨어가 매우 쉽고 사용하기 편리하게 만들어졌다는 것이다. 구글과 MIT도 동참하여 지속적으로 기술을 향상시키고 있다. 인터넷에서 많은 예제 프로젝트를 무료로 구할 수 있고 다양한 라이브러리가 있어 스케치 작성 시 많은 시간을 절약하게 해준다.

어떻게 사용하는가?

노트북 (또는 PC)과 아두이노는 USB 케이블로 연결하게 되어 있다. 아두이노 본사 사이트를 방문하여 스마트폰 어플과 같은 소프트웨어를 다운로드 받아 사용하면 된다. 다운 받은 소프트웨어를 클릭하면 메모지 같은 창이 열리고 여기에 스케치를 작성하면 된다. INPUT, OUTPUT과 같은 단어와 +, -, =, 〉 같은 수학 기호를 합하여 38개 정도만 알면 스케치를 작성하는 데 어려움이 없다. 임베디드 시스템인 아두이노를 사용하면 원하는 다양한 작품을 만들 수 있다.

아두이노의 한계는 상상력이다 !!

이 책의 구성

이 책은 전자기기나 부품 그리고 소프트웨어와 하드웨어에 대하여 사전 지식이 없어도 이해할 수 있도록 작성하였다. 그러나 내용은 기초에만 머물지 않고 유선 및 무선으로 기기를 컨트롤 하는 부분까지 커버하였다. 최근 큰 화두가 되고 있는 드론과 사물 인터넷도 이 책을 통하여 이해할 수 있도록 하였다. 다양한 센서들을 사용하는 방법을 예제 프로젝트를 통하여 자연스럽게 익힐 수 있도록 하였다. 각 프로젝트에 새로운 명령어 몇 개를 소개하며 소프트웨어를 경험으로 습득할 수 있도록 하였다. 책 중간에 사용한 언어들을 다시 체계적으로 정리하여 별도로 소프트웨어 언어를 배우지 않아도 프로젝트를 수행할 수 있도록 하였다. 전자부품을 처음 접하는 독자를 위하여 Appendix에 저항, LED를 비롯한 필수부품을 설명하였다.

책은 1권과 2권으로 구성되어 있다. 1권은 디지털 신호로 외부기기를 컨트롤 하는 프로젝트부터 시작하였다. 아두이노 보드에서 진행되는 상황을 직접 육안으로 확인하기 위한 시리얼 모니터 사용에 대하여 많은 프로젝트에서 실습할 수 있도록 하였다. 기기의 작동 상황을 파악하기 위한 시뮬레이션 부품으로 LED를 여러 프로젝트에 사용하였다.

모든 물체에서 나오는 열파장으로 동작을 감시하는 모션감지센서를 비롯하여 초음파센서, 온도습도센서, 빛 주파수 감지센서를 1부 디지털 컨트롤에서 다루었다.

자연에서 감지되는 모든 현상은 디지털 형태가 아니고 아날로그이다. 빛 에너지, 온도, 가속도 등 아날로그 값을 아두이노에서 받으면서 다음 동작을 시키는 프로젝트와 악기를 만드는 방법을 2부에 정리하였다.

아날로그 신호는 주위의 노이즈에 크게 영향을 받는다. 데이터 전송이 길어지면 안테나와 같은 역할을 하여 데이터 값에 노이즈가 추가된다. 측정되는 아날로그 값을 바로 그곳에서 디지털 값으로 변환시켜 노이즈에 의한 영향을 방지하는 센서와 부품들이 있다. 자동차에 사용되는 부품을 비롯하여 정밀 온도측정 센서, 3D 프린터 등 다양한 제품은 디지털 유선통신 방법을 사용하고 있다. 3부에서는 유선통신 전체를 총괄 정리하여 설명하였으며, UART, SoftwareSerial, I2C, SPI라는 각각의 방법에 대한 설명과 함께 예제 프로젝트를 통하여 이해를 증진시켰다.

4부는 아두이노에서 콜랙트 되는 데이터를 멋있는 창에서 볼 수 있도록 하는 프로세싱 언어를 소개하였다. 또한 프로세싱으로 만든 모니터 창에서 아두이노를 컨트롤 하는 프로젝트도 선보였다.

5부에 있는 모터 컨트롤에서 DC모터, 서보모터, 스텝모터에 대하여 각각의 구조와 구동 방법에 대하여 설명하였다. 간단하게 모터를 켜고 끄는 프로젝트부터 시작하였다. 이어서 모터 속도를 조절하는 방법과 회전 방향을 바꾸는 프로젝트를 소개하였다. 단일 IC 칩을 사용하여 모터를 컨트롤 하는 방법에 대하여 자세하게 설명하였다. 편리한 방법인 모터쉴드를 사용하여 모터를 컨트롤 하는 예제 프로젝트를 각 모터별로 선보였다.

6부는 아두이노 보드를 사용하는 방법에서 한 걸음 더 나아가 보드에서 프로그램 된 칩을 분리해서 결과물을 콤팩트하게 만들어 사용하는 방법을 설명하였다. 이어서 보다 다양한 마이크로 컨트롤러를 사용하는 방법을 설명하였다. 추가로 AC를 사용하는 냉장고, 선풍기, 세탁기와 같은 가전기기를 컨트롤 할 때 사용되는 부품에 대하여 설명하였다.

목 차

PC와 연결하기

1 소프트웨어 다운로드 ... 15
2 프로젝트에 사용되는 아두이노와 부품 ... 19

제1부 디지털로 컨트롤하기

1 아두이노 보드에 있는 LED를 켜기/끄기 ... 25
- 스케치에 대해 알아보기 〈29〉
- 우노 보드의 주요 구조 설명 〈31〉

2 외부 LED 켜기/끄기 ... 33
3 LED 밝기 컨트롤 ... 37
4 시리얼 모니터와 아두이노, 텍스트 주고받기 ... 40
5 디지털 핀에 입력되는 값 시리얼 모니터에 프린트하기 ... 43
- 스케치에서 사용한 핵심 단어 정리 〈46〉
- 풀 다운 저항 설명 〈46〉

6 스위치를 푸시하여 LED 켜기 ... 48
7 스위치 푸시 수에 따라 LED 켜기/끄기 ... 50
8 RGB LED 색상 조정하기 ... 53
9 모션감지 센서 ... 56
10 초음파 센서(Utrasonic Distance Sensor)로 거리 측정 ... 59
11 온도 습도 센서(DHT11) ... 63
12 빛 주파수 감지센서 ... 69
- 아두이노 스케치 구조와 기본 언어 중간정리 〈73〉

제2부 아날로그로 컨트롤하기

1 가변저항 사용 LED 밝기 컨트롤 ... 83
- 저항 연결 리뷰 〈86〉

2 광센서: CDS 포토 레지스터(Photo-resistor)　　　　　　　　　　　　　　　　87
3 온도센서(LM35)　　　　　　　　　　　　　　　　　　　　　　　　　　　　90
4 적외선(IR) 라인 센서　　　　　　　　　　　　　　　　　　　　　　　　　　92
5 가속도 센서　　　　　　　　　　　　　　　　　　　　　　　　　　　　　　94
6 스피커 톤 조정하기　　　　　　　　　　　　　　　　　　　　　　　　　　　97
　　1. 음계 컨트롤　　　　　　　　　　　　　　　　　　　　　　　　　　　　97
　　2. 음계 라이브러리 사용하기　　　　　　　　　　　　　　　　　　　　　100
　　3. 터치센서에 tone 함수를 사용 간단한 키보드 만들기　　　　　　　　　102

제3부　유선통신방법

- 시리얼 통신방법 〈106〉
- 소프트웨어시리얼(SoftwareSerial) 사용하기 〈109〉
- I2C 센서 사용하기 〈111〉

1 I2C 온도센서(TC74) 값 아두이노에서 받기　　　　　　　　　　　　　　　114
2 I2C 자이로(GYRO) 센서　　　　　　　　　　　　　　　　　　　　　　　118
3 여러 개 I2C 센서 값을 동시에 받기　　　　　　　　　　　　　　　　　　121
- SPI 센서 사용하기 〈124〉

4 아두이노에서 SPI 사용 가변저항에 데이터 보내기　　　　　　　　　　　126

제4부　프로세싱(Processing) 언어

1 컴퓨터그래픽 GUI 사용 아두이노 컨트롤 하기　　　　　　　　　　　　　132
2 프로세싱에서 마우스 클릭하여 아두이노 LED ON 시키기　　　　　　　136
3 아두이노 센서에서 받는 값, 프로세싱 창에서 실시간으로 보기　　　　　139

제5부　모터 컨트롤

- DC 모터 컨트롤 〈145〉

1 DC 모터 컨트롤: 트랜지스터 사용　　　　　　　　　　　　　　　　　　146
2 DC 모터 컨트롤: PWM 방식 속도제어　　　　　　　　　　　　　　　　150
3 DC 모터 컨트롤: 가변저항으로 속도 조절하기　　　　　　　　　　　　　152
4 DC 모터 컨트롤: 회전 방향 조정하기 (H-브리지 IC 사용)　　　　　　　154

| 5 | DC 모터 컨트롤: L293D 사용 속도와 회전 방향 조정하기 | 159 |

- 서보 모터, 스테핑모터 컨트롤 〈163〉

6	서보 모터 기본 스케치	164
7	서보모터: 포텐시오 미터로 각도 컨트롤 하기	166
8	서보모터: 제3의 라이브러리를 사용 회전 속도 컨트롤 하기	168
9	스테핑 모터 컨트롤: L293D 사용	171

- 드라이버 쉴드 사용: DC 모터, 서보 모터, 스테핑 모터 컨트롤 〈175〉

10	DC 모터 컨트롤: 쉴드 사용	176
11	서보 모터 컨트롤: 쉴드 사용	179
12	스텝 모터 컨트롤: 쉴드 사용	181

제6부 프로젝트 결과물 콤팩트하게 만들기

1	소형 Attiny85 칩에 스케치 업로드 하는 두 가지 방법	187
2	소형 Attiny85로 4개 LED 구동하기	194
3	Atmega328 Pin Map	198

Appendix 1	아두이노 소프트웨어 다운로드 방법 상세 설명	200
Appendix 2	윈도우 8 컴퓨터에 장치 드라이버 설치하기	204
Appendix 3	전자응용 (한 걸음 더 전진하여 큰 파워 컨트롤 하기)	207

    1. 저항   2. 커패시터   3. 다이오드
    4. 트랜지스터   5. 달링턴 트랜지스터   6. 옵토 커플러
    7. 릴레이

| Appendix 4 | 아두이노 Uno R3 하드웨어 | 215 |
| Appendix 5 | 아두이노 패밀리 소개 | 216 |

참고문헌   217
찾아보기   218

아두이노와 PC 연결하기

아두이노는 단 2개의 단어로 LED, 모터, 센서를 비롯한 각종 전기전자 기기를 컨트롤 할 수 있다.
pinMode (핀모드)
digitalWrite(디지털 쓰기)이다.

> ※ 핀모드는 아두이노에 있는 핀을 외부 데이터를 받아들이는 '입력' 으로 사용할 것인지 LED나 모터를 구동하기 위하여 '출력' 으로 사용할 것인지를 결정하는 명령어이다.
> ※ 디지털 쓰기는 아두이노에 연결된 LED 또는 모터등을 작동시키라는 명령어이다.

다른 소프트웨어를 사용하여 동일한 일을 시키려면 복잡한 명령어와 여러 줄의 프로그램을 작성해야 한다. 이제 시작할 아두이노는 매우 쉽고 파워풀 하며 다재다능하다.

손바닥 안에 들어가는 크기의 하드웨어를 아두이노라고 부르고, 여기에 뇌에 해당하는 소프트웨어는 노트북(또는 PC)에서 작성해서 아두이노에 보내면 된다. 소프트웨어 작성이 매우 쉽다는 것이 아두이노의 최고 강점이다. 소프트웨어 작성하는 일이 그림 스케치 하는 것과 같이 쉽다고 해서 '스케치' 라고 한다. 스마트폰에서 메모판 사용하는 것과 비슷하다면 과장일까?

아두이노 사용 첫 단계

아두이노를 사용하는 방법은 스마트폰을 컴퓨터에 연결하여 음악을 다운받아 들고 다니면서 즐기는 방법과 비슷하다.

컴퓨터로 음악을 다운받는 대신 아두이노 본사 사이트에서 IDE(통합개발환경)라는 메모장 같은 창이 나오는 소프트웨어를 한 번만 다운받아 사용하면 된다. IDE에는 많은 예제 스케치 프로그램들이 있다. 그냥 사용해도 되고 필요 시 수정해서 사용할 수도 있게 되어 있다.

컴퓨터에 스마트폰을 처음 연결할 때 컴퓨터가 스마트폰을 인식할 수 있어야 한다. 마찬가지로 처음 아두이노를 컴퓨터에 연결할 때 컴퓨터가 아두이노를 인식할 수 있도록 해 주어야 한다. 다운받은 IDE 소프트웨어 패키지 안에 드라이버(driver)라는 파일을 한 번만 활성화시켜 주면 컴퓨터는 언제나 아두이노를 해롭지 않은 기기로 인식하여 받아들인다. 프린터를 처음 컴퓨터에 연결하는 것보다 간단하다.

프린터는 항상 컴퓨터와 연결되어 있어야 사용할 수 있지만, 아두이노는 컴퓨터에서 스케치한 소프트웨어를 한번 업로드 받은 후에는 컴퓨터에서 분리하여 독자적으로 사용할 수 있다.

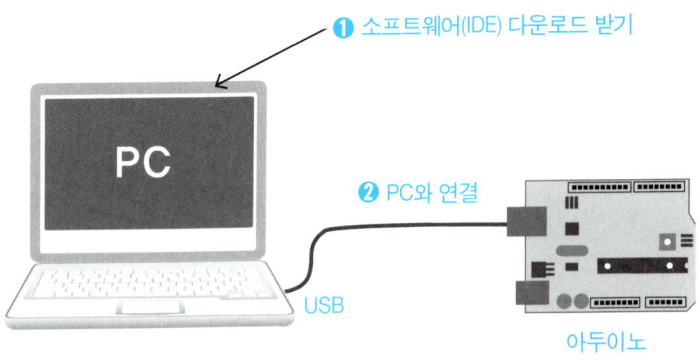

글로 설명한 내용을 다시 한 단계씩 캡처 사진과 함께 구현하는 방법이 이어진다.

1 소프트웨어 다운로드

소프트웨어 다운로드

아두이노 소프트웨어를 IDE(Integrated Development Environment) 즉 통합개발환경이라 부른다.

1 www.arduino.cc를 입력하면, 아래와 같이 아두이노 본사 홈페이지 창이 열린다.

2 홈 화면에서 Download를 클릭한다.

3 Download 창에서 본인이 가지고 있는 PC 운영체제와 같은 소프트웨어를 클릭하여 다운로드한다. 다운로드한 ZIP file의 압축을 풀고, 아두이노 실행 파일(arduino.exe)을 실행하면, 아두이노 바로가기가 만들어진다. 아두이노 소프트웨어가 PC에 설치 완료되었다!!! Window Installer를 사용할 경우는 Appendix 1에 상세 설명이 있다.

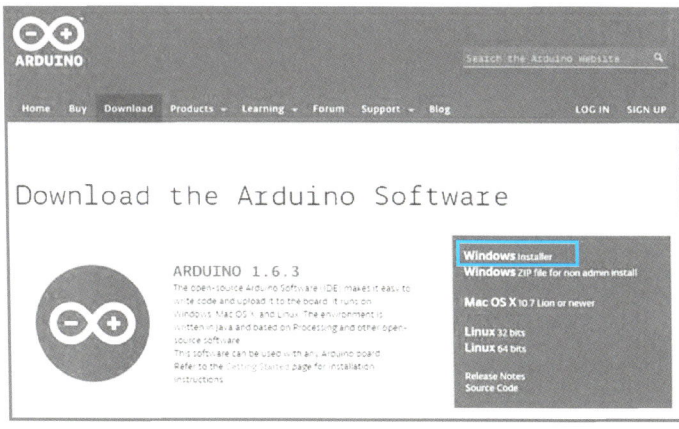

arduino

드라이버 파일 설치

아두이노 보드를 컴퓨터가 인식할 수 있도록 하는 소프트웨어인 드라이버 파일을 설치하여야 한다. 드라이버 파일은 앞에서 다운로드한 아두이노 파일 안에 있다. 소프트웨어 설치 순서는 다음과 같다.

1 PC와 아두이노 보드를 USB 케이블로 연결한다.

2 내 PC 아이콘을 클릭한 다음 ⇒ 우클릭 ⇒ 관리 ⇒ 장치관리자 ⇒ 포트(COM &LPT)

 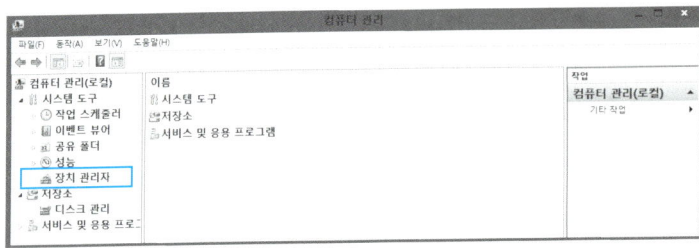

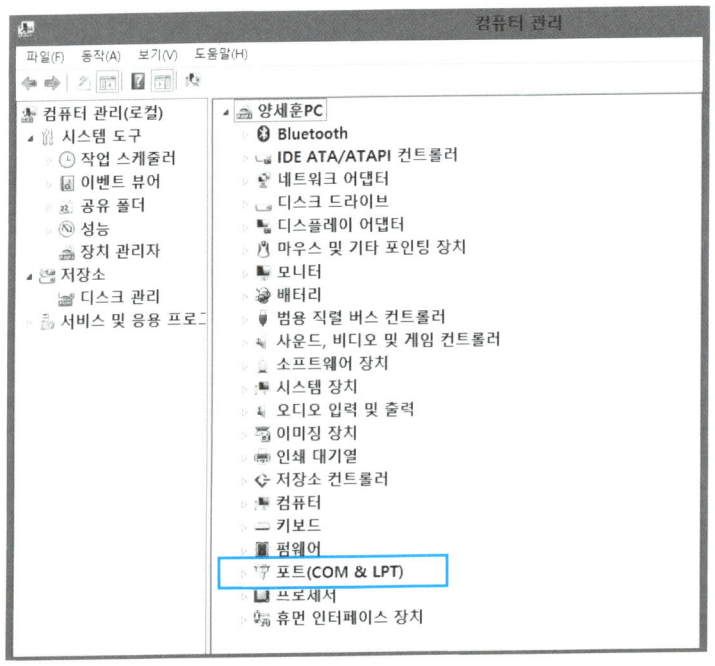

3 드라이버 소프트웨어 업데이트 ⇒ 컴퓨터에서 드라이버 소프트웨어 찾기를 클릭한다.

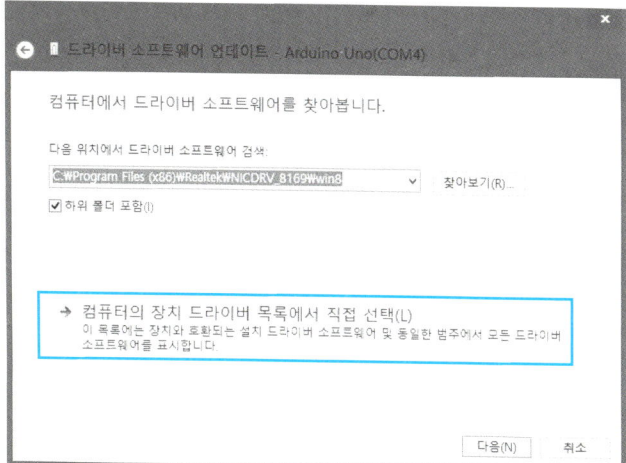

4 앞에서 다운로드한 아두이노 IDE 파일에 있는 Driver를 선택하여 설치한다.

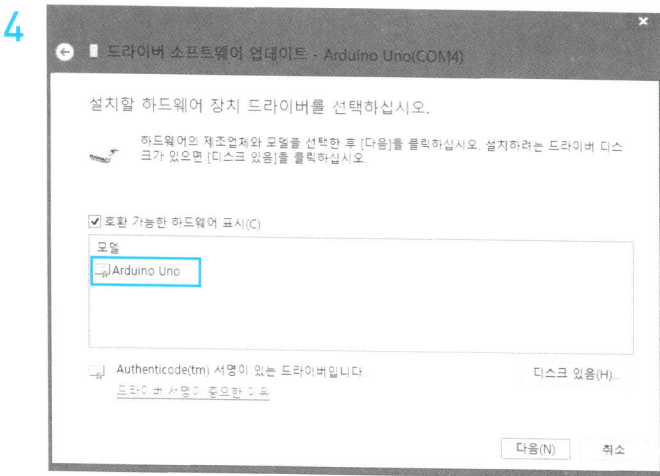

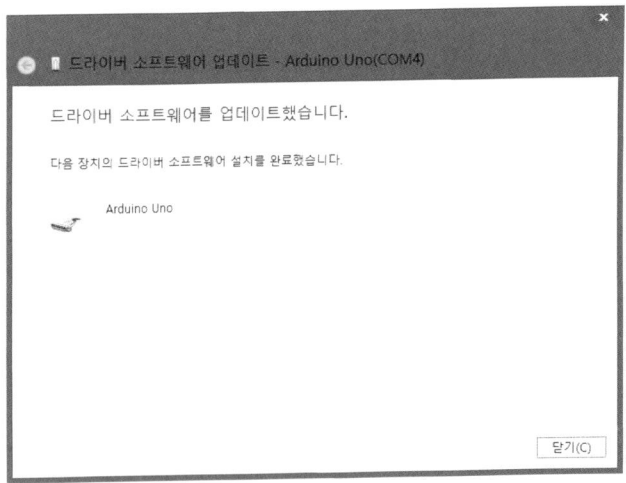

Window 8인 경우 Appendix 2에 상세한 설치 방법 설명이 있다.

2 프로젝트에 사용하는 아두이노와 부품

아두이노는 소프트웨어뿐 아니라 하드웨어도 오픈이다. 누구나 복제해서 판매해도 된다. 쓸만한 복제품도 여러 종류 있고, 국내에서 판매되는 정품도 그렇게 비싸지 않다. 인터넷에 아두이노를 입력하면 인터넷 매장 여러 곳이 나온다. 예로 디바이스 마트, 엘레파츠, 가치창조기술, makepcb, 11번가, 옥션 등.

아두이노 보드는 여러 종류가 있다. 사용 목적에 따라 적절한 보드를 구입하면 되는데 처음 시작하는 사람들에게는 가장 보편적이며 유명한 아두이노 우노(Arduino Uno)를 추천한다. 본 교재도 우노 위주로 작성되어 있다. 아두이노 보드 패밀리에는 Leonardo, Mega 2560, Due, Nano 등이 있고 새로운 멤버가 계속 추가되고 있다. 현재 우노는 R3 버전까지 나와 있으며 정품은 2~3만 원 복제품은 만 원 선에서 구매할 수 있다.

아두이노 보드와 PC의 USB 포트를 연결하는 케이블이 필요하다. 가격은 천 원 정도이며 보드 구매할 때 함께 주문하면 된다.

프로젝트에 필요한 부품: LED, 저항, 연결선, 커패시터, 브레드 보드 …

책에서 사용할 부품은 LED, 브레드 보드, 저항, 콘덴서 등이며 1개에 수십 원에서 수천 원 정도로 비교적 가격이 저렴하다. 가격이 착하다고 정밀도가 떨어지는 부품들은 아니다. 전자 부품은 자동화에 의한 대량생산 되는 제품이어서 저가 생산이 가능하다. 부품을 각각 개별로 구입해도 되고, 세트 형태로 된 패키지 상품 중에서 선택해도 된다. 인터넷에서 아두이노 키트를 입력하면 여러 종류의 키트가 나오는데 스타터 키트만 구입해도 1권에 있는 프로젝트에 필요한 부품은 구비되어 있다. 처음은 스타터 부품 세트 정도로 시작하고, 어느 정도 익숙해진 다음 필요한 부품을 그 시점에 구매할 것을 추천한다. 아두이노에서 만들 수 있는 프로젝트가

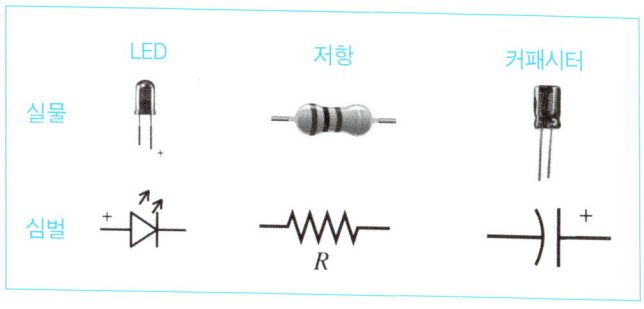

《사용될 부품 예시》

연결선(점퍼선)

19

매우 다양하기 때문이다. 가장 빈번하게 사용되는 부품은 LED, 저항, 브레드 보드, 그리고 연결선이다. 옆에 부품 사진과 심벌 표시가 있다.

브레드 보드는 일명 빵판이라고 부르며 아래 그림과 같은 회로 연결판이다. 아래 가운데 그림은 내부 연결 구조를 보여주고 있다. 브레드 보드 수평선을 보면 외부 플라스틱 홀에는 5개 홀씩 분리되어 있는 것처럼 보이지만 실제 내부에서는 처음부터 끝까지 하나로 연결되어 있다. 통상적으로 +극과 –극을 여기에 연결해서 사용한다. 수직선은 중앙 분리대를 사이에 두고 수직으로 연결되어 있다. 우측 그림에 LED와 저항 그리고 푸시 버튼이 브레드 보드에서 연결된 그림을 보여 주고 있다. 버튼을 누르면 LED에서 빛이 나온다(지금은 육안 으로만 확인하기로 하자).

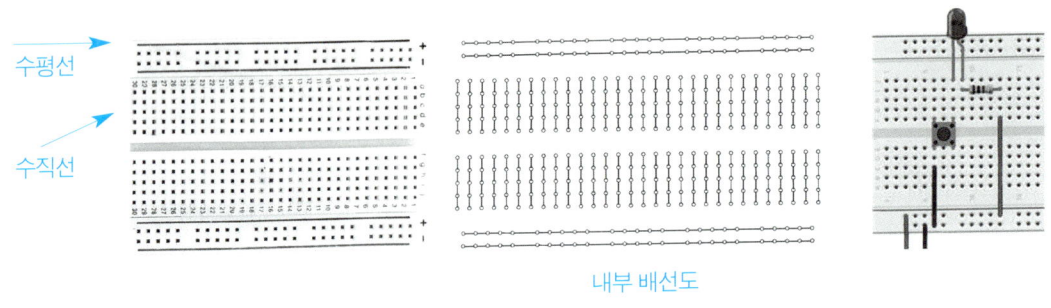

내부 배선도

오른쪽에 있는 멀티미터는 저항, 전류, 전압을 측정하는 기기이다. 일반인이 저항값을 표면에 있는 색상 코드로 읽기는 쉽지 않다. 스마트폰에 저항색상 코드 어플을 다운받아 사용해도 된다. 몇천 원 투자해서 멀티미터 하나 구입하면 프로젝트에 사용되는 저항값을 쉽게 체크할 수 있다. 사용 방법은 무척 간단하다. 저항(Ω)을 측정하려면 가운데 있는 핸들을 Ω이 쓰여 있는 쪽으로 회전시키고, 멀티미터의 두 선을 저항에 갖다 대면 디스플레이 창에 값이 나온다.

국내 부품 판매 온라인 사이트는 디바이스 마트, 엘레파츠, 가치창조기술, 아트로봇, 11번가, G마켓, 옥션 등 많은 곳이 있다.

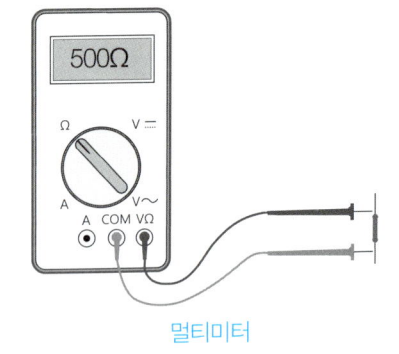

멀티미터

1권 프로젝트에 사용되는 부품 리스트를 아래에 정리했다.

- 아두이노 우노 보드 1개, USB 케이블 1개, 브레드 보드 1개
- LED 4개, RGB LED 1개
- 저항 220Ω, 500Ω, 1KΩ, 10KΩ 각 4개, 가변저항 10KΩ 2개
- 커패시터 1µF, 300µF 각 1개
- 연결선 10개
- 버튼스위치 2개
- 모션 감지 센서 1개
- 초음파센서 1개
- 온도·습도센서(DHT11)
- 빛 주파수 감지 센서
- LM35 온도 센서
- CDS 광센서 2개
- IR 라인 센서
- 가속도 센서
- 피에조 부저
- TC74 온도 센서
- 자이로센서
- 디지털 가변저항
- DC 모터 1개, 서보 모터 1개, 스텝 모터 1개
- L293D H-브리지
- 모터 드라이버 쉴드

디지털로 컨트롤하기

ARDUINO 제1부

1. 아두이노 보드에 있는 LED를 켜기/끄기
2. 외부 LED 켜기/끄기
3. LED 밝기 컨트롤
4. 시리얼 모니터와 아두이노, 텍스트 주고받기
5. 디지털 핀에 입력되는 값 시리얼 모니터에 프린트하기
6. 스위치를 푸시하여 LED 켜기
7. 스위치 푸시 수에 따라 LED 켜기/끄기
8. RGB LED 색상 조정하기
9. 모션감지 센서
10. 초음파 센서(Utrasonic Distance Sensor)로 거리 측정
11. 온도 습도 센서(DHT11)
12. 빛 주파수 감지센서

디지털 세계

디지털은 집에서 전등을 켜거나 끌 때 누르는 스위치와 같다고 이해하면 된다. 오른쪽으로 누르면 켜지고(ON), 왼쪽으로 누르면 꺼지고(OFF) 하는 동작이 디지털 신호와 같다.

아두이노에서는 디지털이 켜진 상태를 HIGH 라고 하고 실제로 5V 전기가 나온다. 배터리 전기와 같은 직류 전기이어서 전혀 위험이 없다. 디지털 LOW 라고 명령을 주면 아두이노는 0V 상태가 된다.

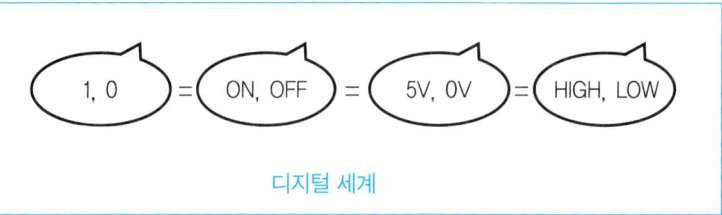

디지털 세계

아두이노 바로가기 ∞ 를 클릭하면 아래와 같이 IDE 창이 열린다. 소프트웨어 코딩을 작성하는 백지 창이 열린 것이다. 아두이노 소프트웨어는 작성하는 일이 스케치 하는 것과 같이 쉽다고 해서 스케치 라고 부른다. 스케치 내용은 이어지는 페이지에 설명하였다.

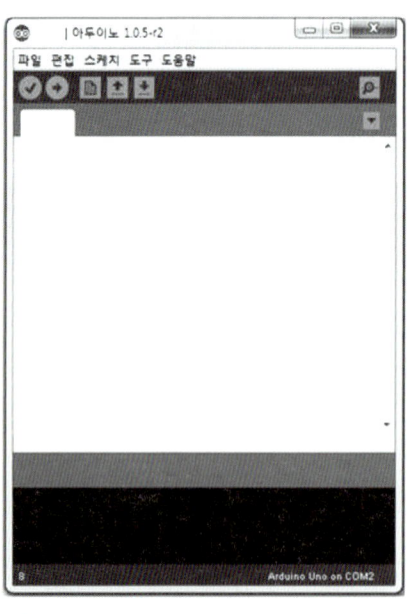
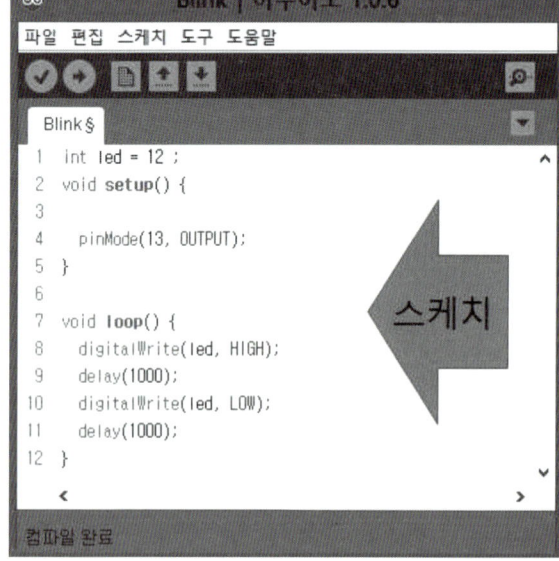

⬆ IDE(통합개발환경)

이제 함께 체험 여행을 시작해 보자!

아두이노 보드에 있는 LED를 켜기/끄기

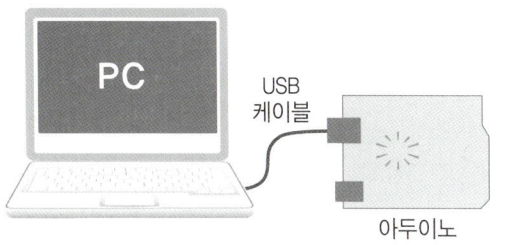

아두이노 보드에는 LED가 장착되어 있다. 우노 보드는 13번 핀에 내장 LED가 연결되어 있다.

첫 번째 프로젝트는 IDE 예제에 있는 스케치를 불러와서 이 LED를 깜빡깜빡(Blink)거리게 하는 것이다. 컴퓨터와 아두이노를 왼편 그림과 같이 USB 케이블로 연결한다.

준비물
- 아두이노 보드 1개
- USB 연결 케이블 1개

스케치 불러오기

1. 컴퓨터에서 오른쪽 그림과 같은 arduino-바로가기 아이콘을 클릭한다.

2. 아두이노 IDE 창이 열리면 화면 왼쪽 위에 있는 '파일'을 클릭한다.

3 예제 ⇒ 01 Basic ⇒ Blink를 클릭한다.

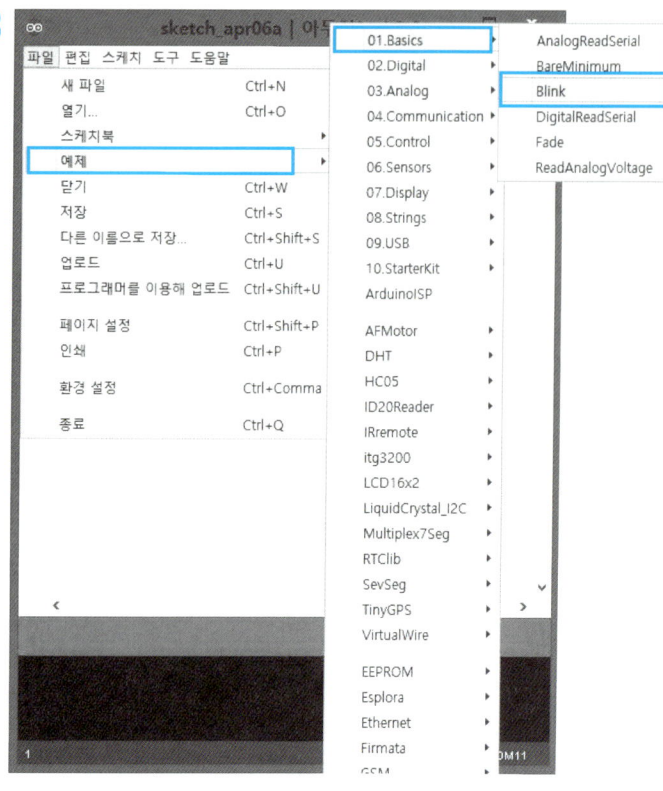

4 소프트웨어인 스케치가 화면에 들어오는 것을 확인할 수 있다.(우측 캡처에 있는 스케치는 프로그램 구동과 상관없는 코멘트를 삭제한 것임) 좌측 상단 메뉴에 있는 확인(컴파일) 아이콘 ☑을 클릭하고 기다리면, 좌측 하단에 '컴파일 완료' 라는 글씨가 나온다. 이제 컴퓨터는 프로그램을 아두이노 보드에 보낼 준비가 완료된 것이다.

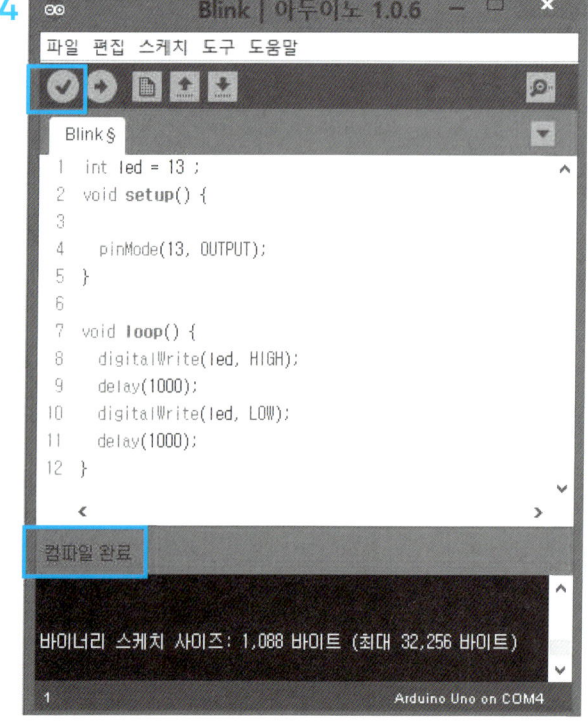

5 프로그램을 보내기 전에 IDE에 연결된 보드를 확인해 보는 것이 좋다. IDE 메뉴 창에서 도구 ⇒ 보드로 들어가서 Arduino Uno라고 우리가 사용하는 보드 선택을 확인한다(만약 다른 보드로 되어 있으면 Arduino Uno라고 되어 있는 곳을 클릭하면 된다).

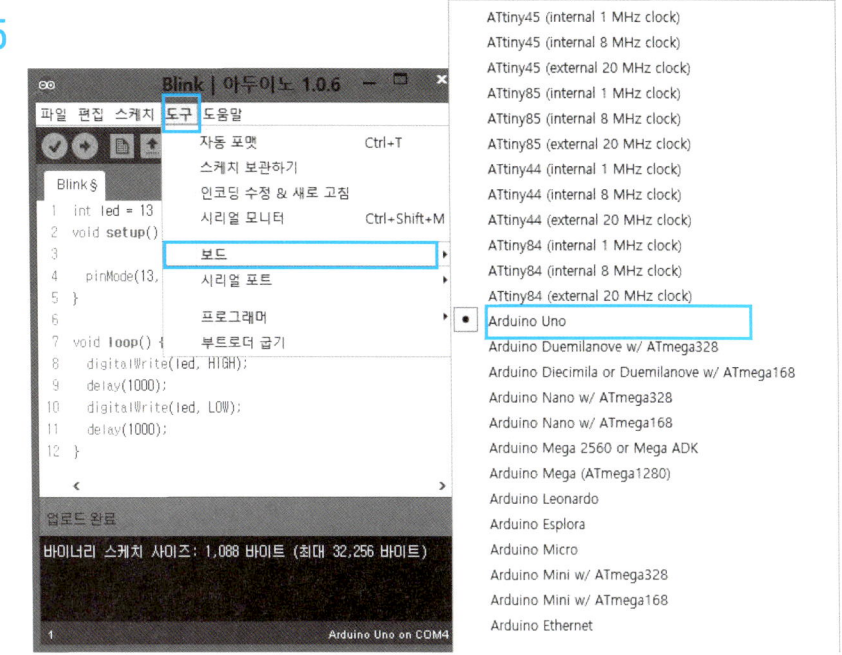

6 포트가 연결되어 있는지 확인하는 것도 좋다. 도구 ⇒ 시리얼 포트로 들어가서 COM(여기에서는 4이지만 독자가 사용하는 포트 번호는 다를 수 있다)이 체크되어 있는지 확인한다.

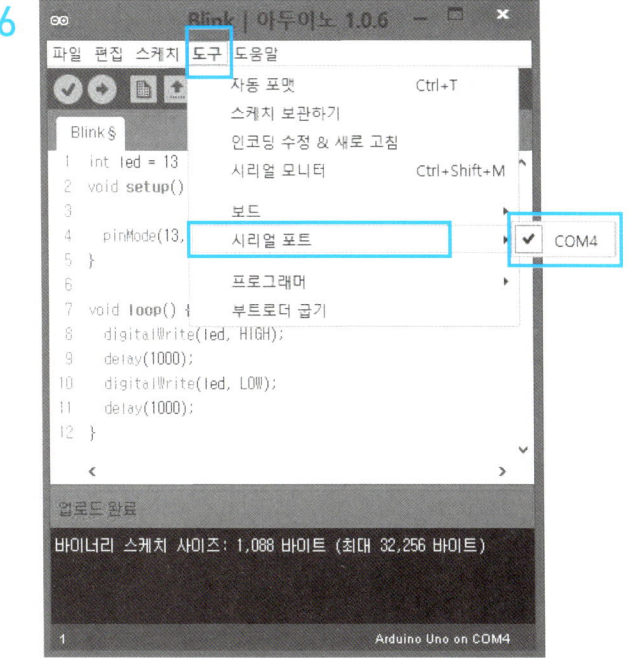

7 프로그램을 아두이노에게 보내기 위해 업로드 버튼(⊙)을 클릭하고 기다리면, IDE 좌측 하단에 업로드 완료라는 글이 나오고, 아두이노 보드에 있는 LED가 1초에 한 번씩 깜빡(Blink)이는 것을 볼 수 있다.

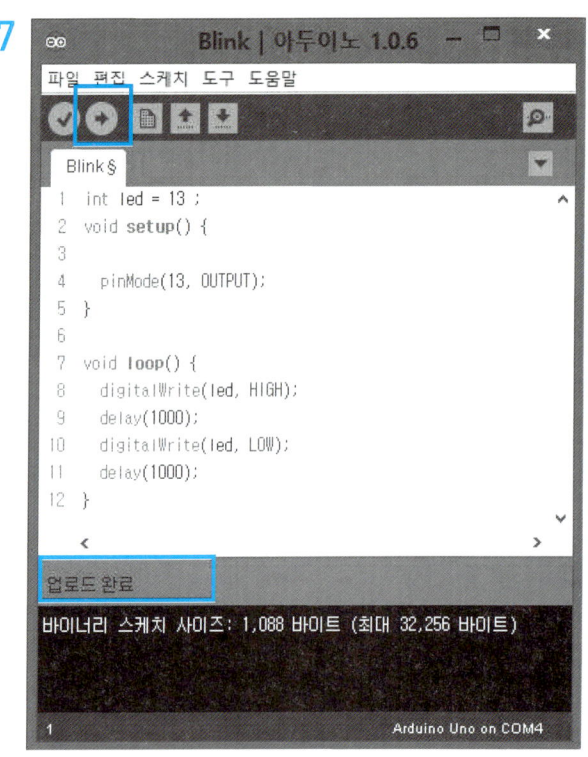

축하합니다! 이제 아두이노를 다룰 수 있게 되었습니다.
아두이노 소프트웨어인 스케치에 대해 알아봅시다.

스케치에 대해 알아보기

아래는 우리가 실행한 Blink 스케치 전부를 나타낸 것이다.

- 모든 스케치마다 반드시 들어가야 하는 단어 2개가 있다. **setup( )**과 **loop( )**이다. 스케치 전용으로 지정된 단어는 **벽돌색으로** 표시된다. (책에서는 볼드로 표시)

- **setup**은 설치(설정)한다는 뜻이다. 설정할 내용은 중괄호{ } 안에 있는 **pinMode**(13, OUTPUT)이다. 13번 핀을 OUTPUT 모드로, 즉 출력으로 설정하라는 명령이다.

- 아두이노 우노에는 14개의 디지털 핀이 있다. 데이터를 받아들이는 INPUT 핀으로 사용할 수도 있고, 전기 신호를 내보내는 OUTPUT 핀으로도 사용할 수 있다. 우리는 13번 디지털 핀으로 LED를 ON시킬 것이므로 OUTPUT으로 설정한 것이다.

- **setup** 단어 앞에 **void**라는 단어는 어디에서 계산한 결과를 받아오지 않는다는 뜻이다. 받아오는 결과가 없기 때문에 setup 뒤에 있는 괄호 ( )에 아무런 단어 없이 비어 있는 것이다.

- 핀모드(**pinMode**)는 사용할 핀 번호를 먼저 쓰고 콤마(,) 그리고 출력으로 사용하려면 대문자로 OUTOUT, 입력으로 사용하려면 대문자로 INPUT이라고 쓰면 된다. 즉 **pinMode**(핀 번호, OUTPUT 또는 INPUT)

- 모든 명령은 세미콜론 ; 을 사용해서 끝났음을 알려 주어야 한다. (setup이나 loop와 같이 중괄호가 따라 오는 명령문은 예외)

- **loop( )**는 모든 스케치에 반드시 포함되어야 하는 단어이며, 계속 작업을 반복하라는 뜻이다. loop( ) 는 이어지는 중괄호 { } 안에 있는 내용을 반복 수행하라는 명령이다.

- **digitalWrite(13, HIGH);** 는 디지털 신호로 Write 하라는 명령어이다. 명령에 따라야 하는 핀은 13번이며, 명령 내용은 HIGH이다. 디지털 신호는 단 두 종류이다. HIGH(5V) 아니면 LOW(0V)이다. 여기에서는 HIGH 즉 5 볼트 전기를 내보내라는 것이다.

- **delay(1000);** 는 연기하다, 늦추다라는 뜻의 명령어이다. 1000 밀리초, 즉 1초 동안 머물러 있으라는

명령이다. 13번에 있는 LED가 켜진 상태(HIGH)로 1초 기다리고 있으라는 명령이다.

■ **digitalWrite(13, LOW);** 에서 LOW는 0 볼트를 내보내라, 즉 LED를 끄라는 명령이다. 이어지는 delay(1000); 은 꺼진 상태로 1초 기다린다.

■ }를 만나면 loop로 올라가서 다시 같은 작업을 반복 수행하는 것이다.

프로그램 구동 순서를 보자 프로그램이 아래로 내려오면서 **setup**은 한 번만 수행하고, **loop**문은 인위적으로 정지시킬 때까지 계속 반복한다.

이제 예제 스케치를 약간 수정해 보자. **delay(1000)**을 **delay(200)**으로 만들고 업로드 버튼 🔘을 클릭하면 LED가 빠르게 깜빡거리는 것을 볼 수 있다. 스케치를 수정한 후에는 반드시 업로드를 해야 한다.

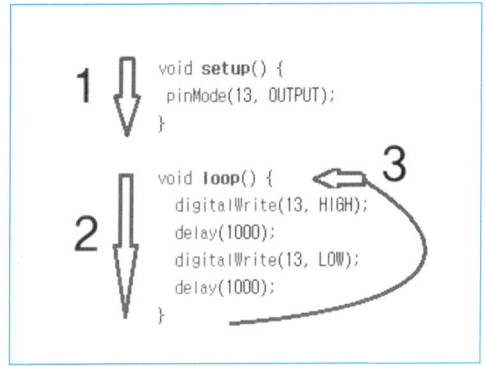

프로그램 구동 플로우

수정한 파일을 다른 이름으로 저장해 두려면 스케치 파일을 열고 '다른 이름으로 저장' 을 클릭하여 원하는 새로운 이름을 저장할 수 있다. (예: LED_1을 입력하면 된다)

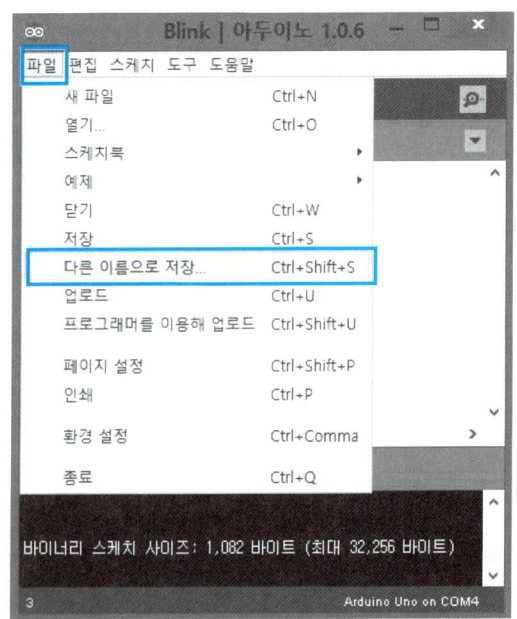

우노 보드의 주요 구조 설명

컴퓨터는 중앙처리장치(CPU) IC, 기억장치(Memory) IC 그리고 키보드, 모니터 등을 연결할 수 있게 하는 주변장치(Peripherals) IC 등으로 구성되어 있다. 아두이노는 컴퓨터의 모든 기능을 하나의 IC에 집적한 마이크로 컨트롤러(MCU)를 사용한다.

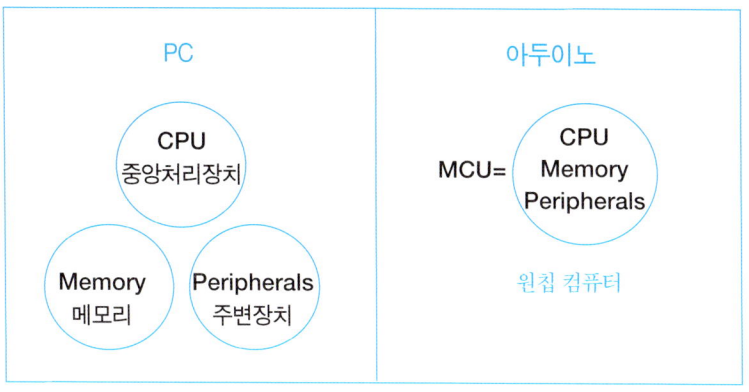

세계적으로 유명한 MCU 회사인 Atmel 사에서 만드는 ATmega328 칩을 사용한 아두이노가 Arduino Uno이다. 아두이노는 원칩 컴퓨터라고 볼 수 있다. 입력과 출력으로 기기를 컨트롤할 수 있는 능력은 컴퓨터를 뛰어넘는다.

❶ 우측 아래 아두이노 우노(UNO)의 핵심인 ATMega328 MCU가 있다. 프로그램을 저장할 수 있는 플래시 메모리 용량은 32KB이다. 더 큰 용량을 원하면 256KB를 가진 메가 보드 또는 512KB를 가진 듀에 보드가 있다. 우노 보드에 메모리 칩을 추가해서 용량을 늘리는 방법도 있다.

❷ 아날로그 입력 핀 6개 A0~A5가 있다. 아날로그 볼트 값을 받는 핀이다.

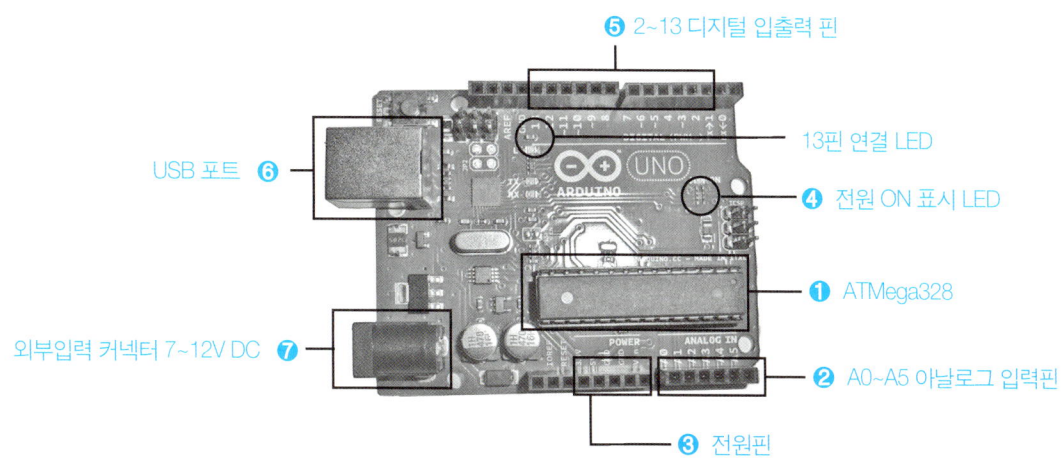

❸ 전원 핀 5V, 3.3V, GND가 있다. PC에서 USB 케이블을 통해 공급된다. 브레드 보드에서 사용할 5V, 3.3V는 여기에서 가져다 사용하면 된다.

❹ 아두이노에 전원이 들어왔다는 것을 확인하는 LED이다.

❺ 디지털 입력과 출력을 할 수 있는 핀 14개(0~13)가 있다. 핀 0과 1은 PC에서 프로그램을 받는 통신 채널로 사용하기 때문에 디지털 I/O(입출력) 목적으로 12개(2~13 번)를 사용한다.

❻ PC와 연결하는 USB 연결 커넥터

❼ 아두이노 보드에 필요 시 외부 전원을 사용할 수 있도록 하는 커넥터.

MCU 사양을 정리하였다.

주요 사양

디지털 Input/Output 핀	14개
펄스 변조(PWM) I/O 핀	6개
아날로그 입력 핀	6개
최대 전류/핀	40mA
플래시 메모리 핀	32KB
클럭 속도	16MHz

※ 펄스 변조 핀 내용은 관련 프로젝트에 설명되어 있음.

아두이노 우노 보드에 장착되는 MCU는 2종류 타입이 있다. PCB 기판 위에 직접 장착하는 표면 실장 SMD(Surface Mount Device) 타입과 소켓을 사용하여 기판 위에 장착하는 이중 직렬 패키지 DIP(Dual Inline Package) 타입이 있다. SMD 타입은 소형화 하는데 유리하고, DIP 타입은 프로그램된 칩만 분리해서 사용할 수 있고, 또 칩이 훼손되었을 때 쉽게 교체할 수 있는 장점이 있다.

외부 LED 켜기/끄기

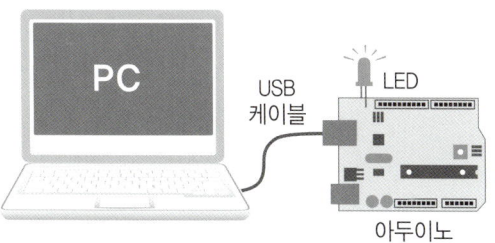

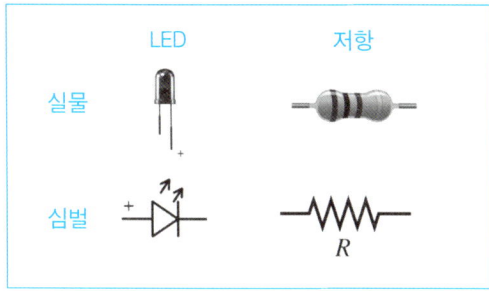

이전 프로젝트에서는 우노에 내장된 LED 켜기/끄기를 하였는데, 실제 상황에서는 외부의 LED, 전구, 모터, 스위치 등을 켜기/끄기(ON/OFF) 하는 일들이 필요하다. 이번 프로젝트는 브레드보드에 있는 LED를 우노의 디지털 핀으로 컨트롤 하려고 한다. LED는 극성이 있다. 즉 배터리처럼 +극과 −극이 있다. LED를 보면 리드 선이 긴 쪽이 +이고, 짧은 쪽이 −이다. LED에는 저항을 연결하여야 한다. 저항이 필요한 이유는 잠시 후 자세한 설명이 이어진다.

준비물
- 아두이노 우노 1개
- 브레드보드 1개
- LED 1개
- 저항 220 옴 1개
- 점퍼케이블 3개

스케치는 처음부터 새 파일을 열어 작성하는 방법도 있고, 예제에 있는 파일을 목적에 맞게 수정하여 사용하는 방법도 있다. 이전에 사용하였던 예제인 Blink를 수정하여 사용해 보자.

스케치

아두이노 바로가기를 클릭하고, 열린 IDE에서 파일 ⇒ 예제 ⇒ 0.1Basics ⇒ Blink를 선택하면, 아래와 같이 스케치가 열린다.

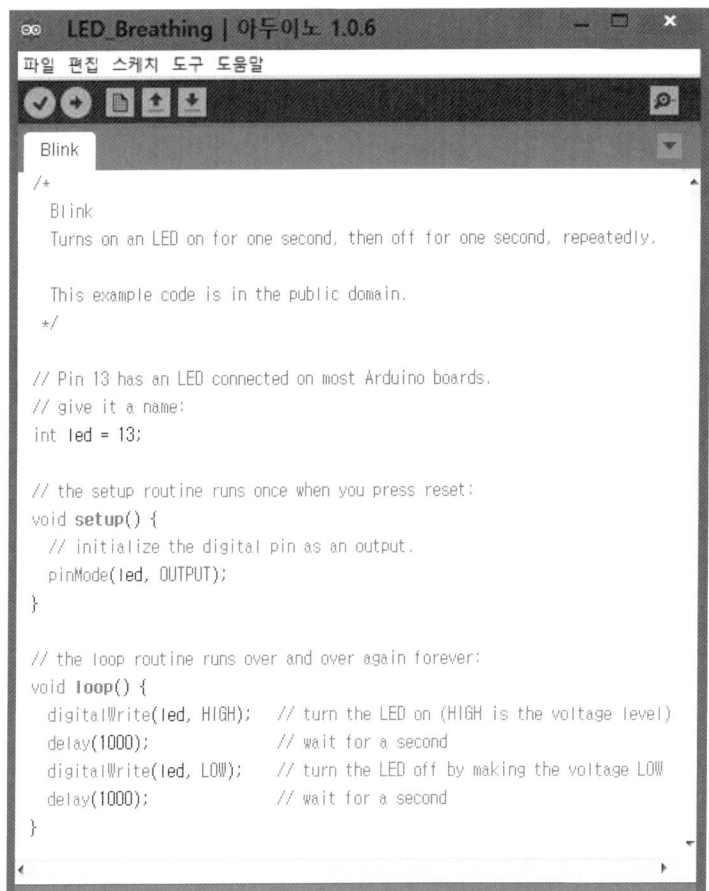

처음 보는 기호들이 등장한다. 특별하게 어려운 것이 아니라는 것을 금방 알 수 있다.

/*와 */는 이 사이에 들어 있는 것은 프로그램 구동할 때 아무런 기능을 하지 않는 코멘트들이다. /* 와 */ 안에 있는 내용을 몰라도 아무 상관없다.

다음 새로운 기호 //도 코멘트이다. 위에 있는 /* ~ ~ */는 코멘트가 몇 줄이 되어도 되지만, //는 한 줄 내에서만 유효하다. 줄을 넘어서 코멘트할 때는 다시 앞에 //를 해 주어야 한다.

이번에는 디지털 9번 핀을 사용해 보자.

Blink에서 명령문에 있는 13을 모두 9로 바꾸면 스케치 작업 완료 !!!

스케치 원본에서 코멘트 부분을 제거하고 프로그램만 정리하면 오른쪽과 같다.

```
// Modified Blink, LED - 9

void setup() {
  pinMode(9, OUTPUT);
}

void loop() {
  digitalWrite(9, HIGH);
  delay(1000);
  digitalWrite(9, LOW);
  delay(1000);
}
```

스케치의 확인(컴파일) 버튼 ☑을 클릭하여 소프트웨어에 에러가 없는지 확인한다. 스케치에 이상이 없으면 IDE 아래 부분에 컴파일 완료라는 글씨가 나온다. 업로드는 잠시 후에 하기로 하고 하드웨어를 연결하자.

하드웨어 연결

LED와 220옴 저항을 아두이노에 연결한다. LED는 다리가 긴 쪽이 +극이다. LED 심벌에서는 삼각형 밑변으로 들어가는 쪽이 +이다. 저항은 극이 없어 어느 방향으로 연결해도 된다.

아래 그림 왼쪽이 회로도이고, 오른쪽이 실제 그림이다. 회로도는 연결 상태를 쉽게 보여 주기 때문에 전자회로에서는 실제 그림보다 회로도를 사용한다.

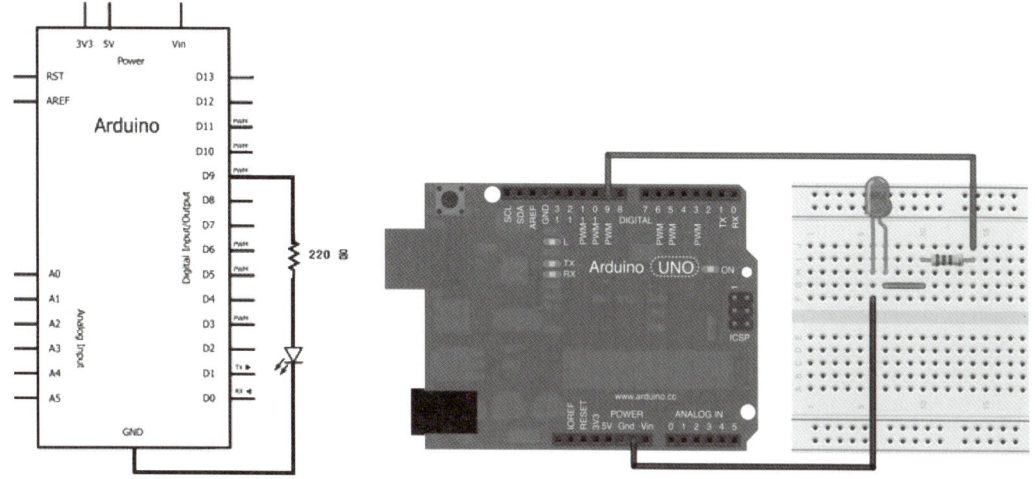

IDE 창에서 업로드 버튼인 ⬤를 클릭하여 업로드하자. 업로드는 PC에 있는 스케치를 아두이노 보드의 MCU에 옮기는 작업이다. IDE 창 하단에 업로드 완료라는 글씨가 프린트된다. 이제 9번 핀에 연결된 LED가 1초 마다 ON과 OFF를 반복하는 것을 볼 수 있다.

이 예제는 외부에 LED 1개만 작동하게 한 것이다. 이 스케치를 조금만 수정하면 여러 개의 LED 또는 다른 장치를 컨트롤 하는 장치를 만들 수 있다.

왜 LED에 저항을 연결했을까? 이 시점에서 전자회로에 대한 기본 지식을 잠깐 되돌아보자. 아두이노 보드의 핀에서 나오는 전압은 5볼트(Volt)이다. LED인 경우는 전압 1.8~2.0V, 전류 20mA에서 동작하도록 만들어졌다. 즉 우노에서 나오는 5V를 LED에 직접 연결하면 LED가 과전류로 인하여 파괴될 수 있다. 핀에서 공급되는 5V에서 저항을 사용하여 3V를 차감시켜 2V만 LED에 공급하도록 하여야 한다.

전압(V), 전류(I), 저항(R)의 관계식은

$V=IR$

LED 사용 전류는 20mA, 3V를 감소시키기 위한 저항값은

$R=V/I = 3V/0.02A = 150\Omega$

150Ω 저항을 사용하면 LED에 20mA 전류가 흐른다. 150보다 높은 저항을 사용하면 LED에는 더 낮은 전류가 흐르게 되어 안전하다. 그래서 보통 쉽게 구할 수 있는 220Ω 저항을 사용한다. 저항은 LED +극이나 −극 어느 방향에 연결해도 역할은 동일하다.

정리 디지털 핀 사용 LED ON/OFF 명령

setup( )에서 pinMode 정의   **pinMode**(출력핀 번호, OUTPUT 또는 INPUT);

loop 안에서 디지털 쓰기 명령   **digitalWrite**(출력핀 번호, HIGH 또는 LOW);

※ 컴퓨터는 영어 대문자와 소문자를 다른 글자로 인식한다. 반드시 철자를 맞춰 주어야 한다.

LED 밝기 컨트롤

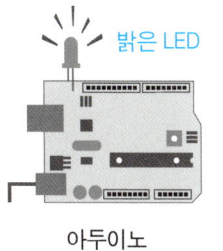

LED나 전기 기구의 밝기를 자동으로 조절하는 방법을 알아보기로 하자. LED 밝기를 조절하려면 아두이노에서 LED로 들어가는 전압을 0.5V, 1V, 1.5V … 와 같이 아날로그 값으로 변화시켜 주어야 한다. 하지만 아두이노는 아날로그 입력은 받을 수 있으나 아날로그 출력은 할 수 없게 만들어져 있다.

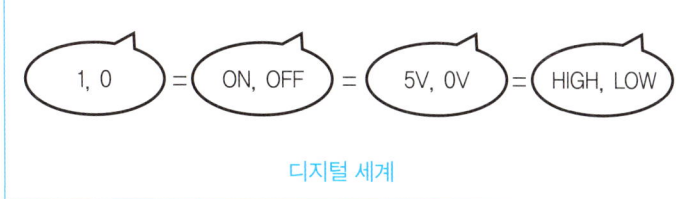
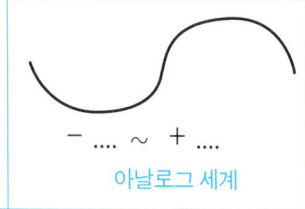

그러나 디지털 값으로 아날로그 값과 비슷한 전압을 만들 수 있는 방법이 있다. 디지털 3번, 5~6번, 9~11번 핀이 가지고 있는 특성인 PWM(펄스폭변조: Pulse With Modulation)을 사용하는 것이다. 디지털 OFF(0V)를 0.9초, ON(5V)을 0.1초 반복해 보자. 디지털 핀에서 나오는 전압은 아래 그림 (a)와 같게 된다. 이때 평균 출력은 5V×0.1=0.5V가 된다. 한 사이클에서 ON 상태가 10%이어서 10% 듀티 사이클이라 부른다. 같은 방법으로 0.5초 ON, 0.5초 OFF를 반복하면 평균 출력 전압은 5V×0.5=2.5V가 된다(b). ON 상태가 90% 즉 듀티 사이클이 90%이면 4.5V 전압이 나온다(c).

MCU의 사이클은 워낙 빠르기(16MHz) 때문에 디지털로 나오는 출력인데도 전압을 받아들이는 LED는 평균 출력값이 V인 아날로그 출력이 들어오는 것으로 착각하게 된다. 디지털 출력으로 1V, 1.5V, 2V, …를 만들어 LED의 밝기를 컨트롤 하는 것이다.

이때 사용하는 명령어는 analogWrite(출력 핀번호, 출력값)이다. 아날로그 세계에서는 볼트 값을 그대로 사용할 수 있지만 디지털 세계에서는 비트로 나타내는 숫자를 사용하여야 한다. 우노는 8비트 MCU이다. 8비트란 0 또는 1을 나타낼 수 있는 칸이 8개란 뜻이다. 1개 비트로 나타낼 수 있는 수는 0 또는 1이다. 8개 비트로 나타낼 수 있는 최대 10진수 값은 $2^8=256$이다. MCU에서는 1이 아닌 0부터 시작하기 때문에 출력으로 사용할 수 있는 값은 0부터 255이다. 최대값이 255이므로, 10%이면 25.5

이며 반올림하면 26이다. analogWrite(출력 핀 번호, 26) 하면 5V의 10%인 0.5V가 출력되고, 같은 방법으로 126이면 50%인 2.5V, 230이면 90%인 4.5V가 출력된다.

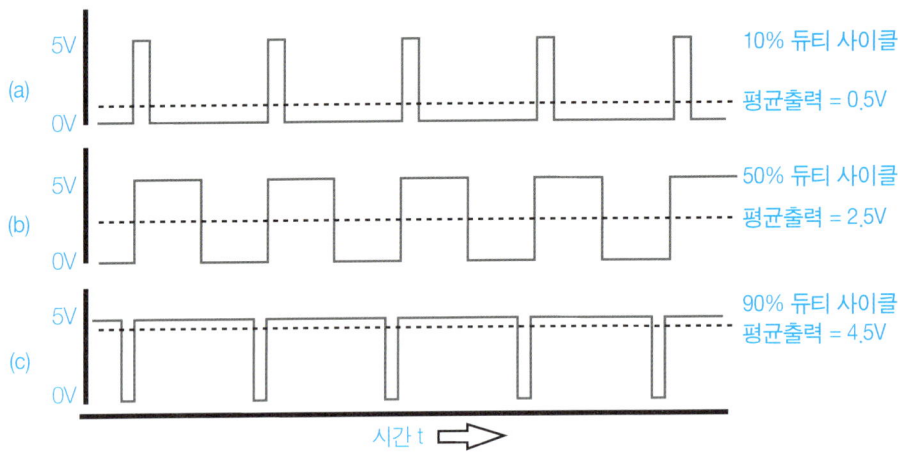

스케치

led를 디지털 핀 9번에 연결하고(앞 프로젝트와 동일) 밝기를 0부터 255까지 변하도록 해보자.
최고 밝기값 255(5V)에 도달하면 다시 5씩 감소하게 한다.

스케치 분석

- **int**는 integer(정수)의 약자이다. **int** 뒤에 나오는 단어에는 정수 즉 1, 2, 3, ..과 같은 숫자가 들어가야 한다.
- **int led = 9;** led에 9 라는 숫자가 저장된다.
- **int i = 0;** i 에 0을 저장한다.
- **pinMode(led, OUTPUT);** led 즉 9번 핀을 출력(OUTPUT)으로 사용
- **for (i=0 ; i<256 ; i=i+5);** i를 0부터 255까지 한 번에 i+5만큼씩 증가시키면서 이어지는 { } 안의 일을 수행하라는 문장이다.
- **analogWrite(led, i);** led 핀(9번)에 i값만큼 출력을 내보내라는 명령

회로 연결

앞에 있는 프로젝트에서 사용한 회로와 같다. 9번 핀에 LED와 220옴 저항 연결.

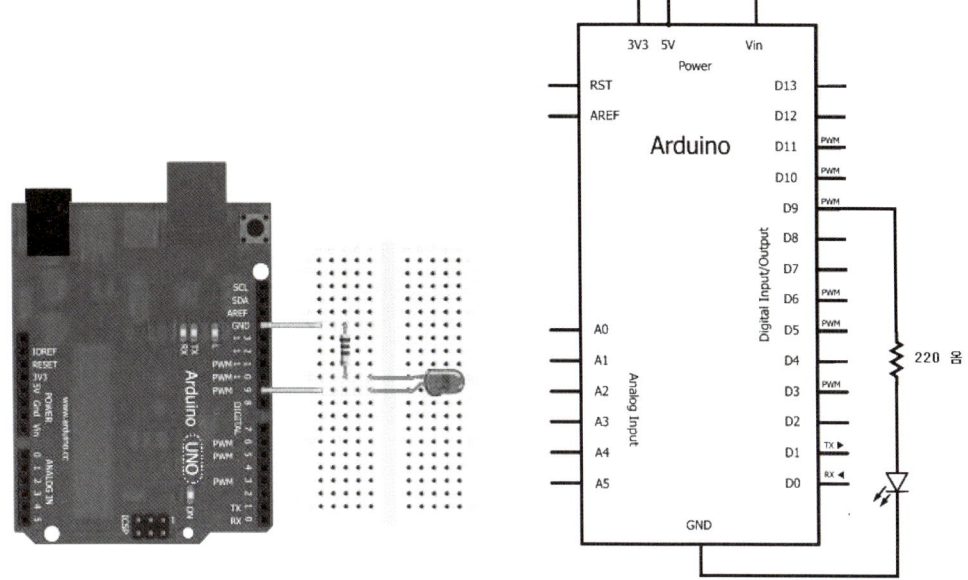

스케치를 컴파일하고, 업로드하면 LED 빛이 차츰 밝아졌다 최고점에서 다시 어두워지기를 반복한다.

❙고찰❙

핀 모드를 정의한 다음, 디지털 핀을 사용하여 아날로그 신호(전압)를 출력시킨다.

정리	디지털 핀 사용 유사 아날로그 신호(전압)인 PWM 출력
setup( )에서 pinMode 정의	pinMode(출력핀 번호, OUTPUT);
loop 안에서 명령	analogWrite(출력핀 번호, 출력값);

시리얼 모니터와 아두이노, 텍스트 주고받기

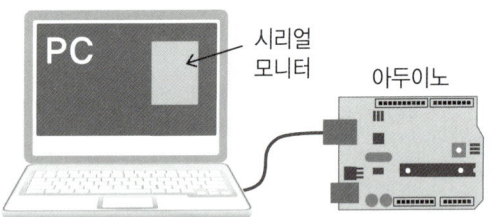

시리얼 모니터는 아두이노 데이터를 PC 모니터에서 볼 수 있게 만든 상황 판이다. 아두이노가 작동되는 내용을 파악할 수 있게 해주는 매우 유용한 툴이다.

스케치

아래 스케치를 IDE에 입력하자.

시리얼 모니터를 사용하려면 스케치 setup에 Serial.begin(9600)을 입력하면 된다. 시리얼 통신을 9600 baud 속도로 시작하라는 명령이다. baud는 데이터가 움직이는 속도로 비트/초이다. Serial.print("...")는 따옴표 안에 있는 텍스트를 시리얼 모니터에 프린트하라는 명령이다.

이 스케치에서는 한 번만 프린트할 것이기 때문에 loop 안이 아닌 setup 안에 Serial.print를 입력했다. 아무런 임무가 없어도 loop는 스케치의 기본구조 요소이기 때문에 사용하여야 한다. 스케치를 컴파일하고, 업로드시키자.

시리얼 모니터 버튼은 스케치 화면 우측 상단에 확대 렌즈 모양의 아이콘 🔍 이다. 이 아이콘을 클릭하면 아래와 같이 PC 모니터에 시리얼 모니터 창이 열리면서 Hellow World라는 텍스트가 한 번 프린트된다. 시리얼 모니터 창 우측 하단에 9600 baud가 있다. 이 속도는 스케치에서 사용한 Serial.begin(9600) 속도와 같아야 한다. 만약 다르면 옆에 있는 V를 클릭하여 맞는 속도로 선택해 주면 된다.

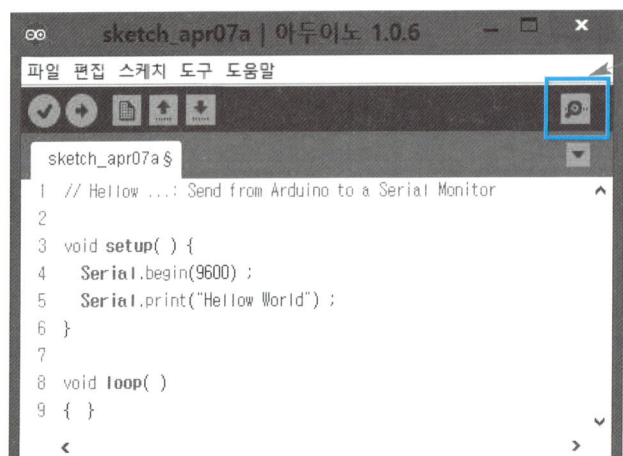
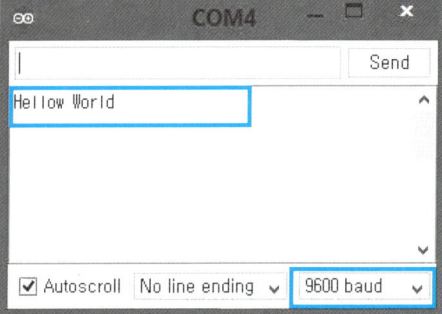

시리얼(Serial) 데이터는 아두이노 디지털 핀 0번(Rx)과 1번 (Tx)를 통해 PC와 통화한다. Rx는 Receive(수신:받기)의 약자이고 Tx는 Transmit(송신: 보내기)의 약자이다. PC에서 보낸 데이터는 Rx를 통해서 아두이노가 받고, PC로 보낼 데이터는 Tx를 통해 보내진다.

다음은 시리얼 모니터에서 명령을 아두이노 보내고, 명령에 따라 작업한 아두이노에서의 결과를 시리얼 모니터에 프린트하는 스케치를 작성해 보자. 아래 스케치를 IDE에 입력하자.

```
// Serial Monitor Communication
int pay = 0 ;

void setup( ) {
  Serial.begin(9600) ;
  Serial.println(" How much do you want pay? ") ;
}

void loop( ) {

  if (Serial.available() ) {
    pay = Serial.parseInt() ;
    Serial.print(" I will pay ") ;
    Serial.println(pay) ;
      Serial.println(" This cost more ") ;
      Serial.println() ;
        Serial.println(" How much do you have ? ") ;
        Serial.println() ;
  }
}
```

스케치 분석

- **Serial.begin(9600);** 시리얼 통신(통화) 속도이다. 1초에 9600 비트 전송.
- **Serial.available( );** 시리얼 포트의 버퍼에 도착한 자료가 있는 곳이다.
- **if(Serial.available( ));** 리얼 포트의 버퍼에 도착한 자료가 있으면 이어지는 중괄호 { } 안에 있는 작업을 수행하라는 명령이다.

41

- **pay = Serial.ParseInt( );** 버퍼에 있는 정수(int)만 읽어 pay라는 이름으로 저장한다.
- **Serial.print( );** 괄호 ( ) 안에 있는 내용을 시리얼 모니터에 프린트한다.
- **Serial.println( );** 괄호 ( ) 안에 있는 내용을 프린트하고 한 줄을 내린다.

스케치를 업로드하고 IDE에서 시리얼 모니터 아이콘을 클릭하면, 아래 사진의 왼쪽과 같이 모니터에 How much…가 나온다. 위쪽 입력창에 예를 들어 150을 입력하고, 우측에 있는 Send를 클릭하면 그 아래 사진에 있는 모니터 화면과 같이 된다.

시리얼 모니터에서 입력하여 send로 보낸 값은 아두이노의 버퍼에 도착하면 Serial.available( ) 하게 된다. 이 데이터를 읽는 것이 Seral.ParseInt( )이다.

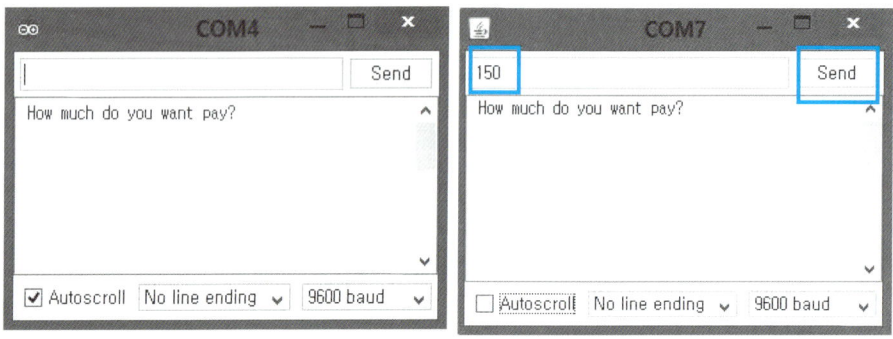

계속 다른 숫자를 입력해 보자.

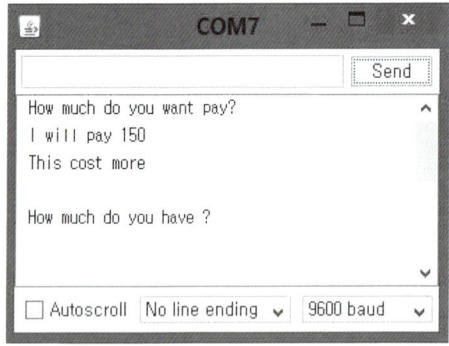

정리 시리얼 모니터에 자주 사용되는 명령

Serial.begin( );	시리얼을 ( ) 속도로 시작하라.
Serial.available( );	시리얼 자료가 도착하는 버퍼
Serial.ParseInt( );	버퍼에 있는 자료 중에서 정수 값만 읽어라.
Serial.print( );	시리얼 모니터에 ( ) 내용 프린트
Serial.println( );	시리얼 모니터에 ( ) 내용 프린트하고 한 줄 내린다.

디지털 핀에 입력되는 값 시리얼 모니터에 프린트하기

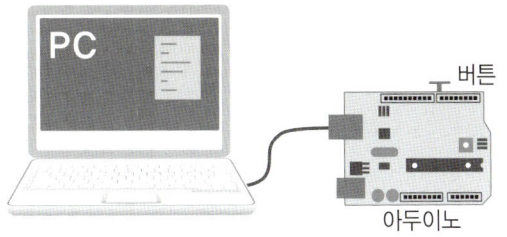

아두이노 보드의 디지털 핀에서 데이터를 읽어 실시간으로 시리얼 모니터에 프린트하는 방법을 알아보자.

아두이노 보드 2번부터 13번까지 12개의 핀을 입력 또는 출력 핀으로 사용할 수 있다. 이번 프로젝트에서는 디지털 2번 핀을 입력 핀으로 사용하자.

준비물
- 아두이노 우노 1개
- 브레드보드 1개
- 푸시 버튼 1개
- 10KΩ 저항 1개
- 점퍼 선 4개

스케치

IDE에 오른쪽에 있는 스케치를 입력하자.

스케치 분석

- **int Button = 2;** Button에 2를 저장.
- **Serial.begin(9600);** 시리얼 통신을 준비하라는 명령. 속도는 초당 9600비트로 전송.
- **pinMode(Button, INPUT);** 2번 핀이 입력이다. 즉 2번 핀에서 읽을 것이다.
- **int State = digitalRead(Button);** 2번 핀 값을 읽고 State에 그 값을 저장한다. 값은 정수이다.
- **Serial.println(State);** State에 있는 정수 값을 시리얼 모니터 화면에 인쇄하라.

```
int Button = 2 ;

void setup( ) {

  Serial.begin(9600) ;
  pinMode(Button, INPUT) ;
}

void loop( ) {

  int State = digitalRead( Button) ;
  Serial.print(State) ;
  delay(5) ; // delay for stability
}
```

하드웨어 연결

푸시 버튼에는 4개의 다리(선)가 있다. 푸시했을 때 연결되는 2개 다리(선)을 회로와 연결해야 한다.

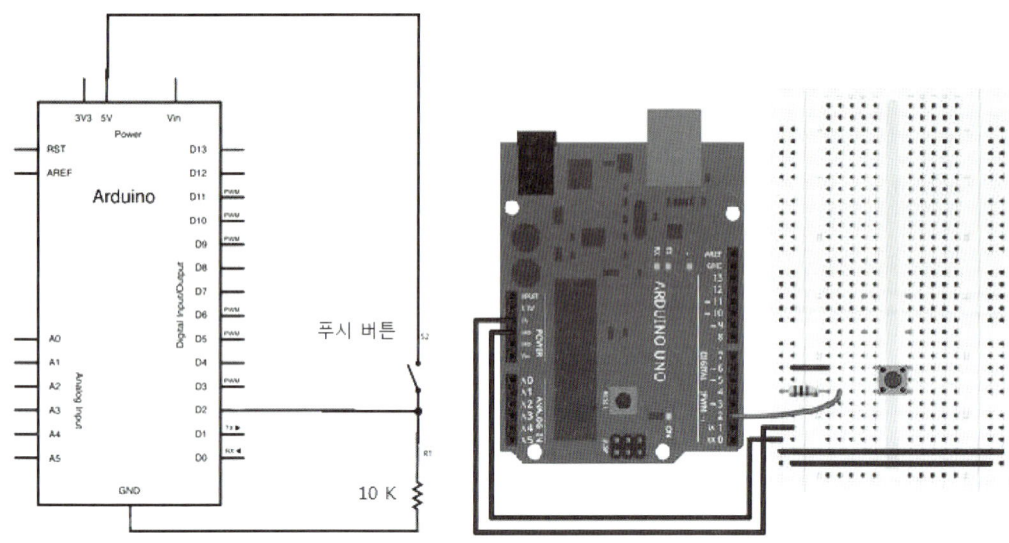

스케치 실행

1. 스케치를 컴파일하고, 업로드한다.
2. 스케치 화면에서 시리얼 모니터 아이콘 🔎 을 클릭하면 시리얼 모니터 화면이 나타난다.
3. 푸시버튼을 누르지 않은 상태면 좌측 화면과 같이 0이란 숫자가 계속 나오고, 누르면 오른쪽 화면과 같이 1이 계속 나온다. 디지털 값을 읽는 것이기 때문에 ON 상태면 1, OFF 상태면 0으로 나온다.

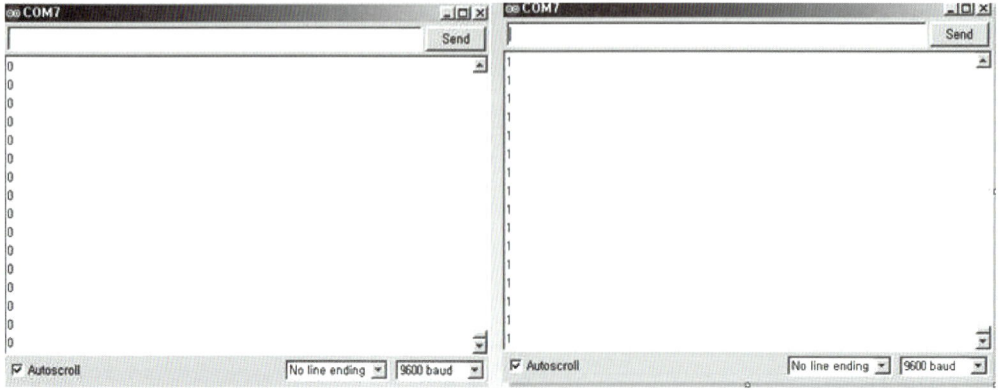

디지털 2번 핀을 사용하여 데이터를 읽고, 시리얼 통신으로 읽은 값을 모니터에 프린트하도록 했다. 정리하면,

> **정리** 디지털 핀 ON/OFF 디지털 신호 읽기
>
> ❶ setup( )에서 핀 모드 정의　　　**pinMode**(핀 번호, INPUT);
> ❷ loop( ) 안에서 명령　　　　　　**digitalRead**(핀 번호);

스케치에서 사용한 핵심 단어 정리

디지털 핀과 아날로그 핀에서 데이터를 받거나 내보내는 단어를 다시 정리해 보자.

핀을 출력(OUTPUT) 또는 입력(INPUT)으로 사용하려면,

디지털 입력:	pinMode(핀번호, INPUT)
	digitalRead( )
디지털 출력:	pinMode(핀번호, OUTPUT)
	digitalWrite(핀번호, HIGH/LOW)
디지털 핀 PWM 출력:	pinMode(핀번호, OUTPUT)
	analogWrite(0~255)
아날로그 입력:	analogRead( )

(아날로그 핀은 입력 기능만 있어 핀모드는 사용하지 않아도 됨)

풀 다운 저항 설명

위에 있는 프로젝트에서 GND(ground)와 입력핀 2번 사이에 10KΩ 저항을 연결했다. 이유는 입력핀을 GND에 연결하지 않고 그냥 오픈되게 하면, 안테나 역할을 하여 주위에 있는 각종 신호를 받아 0이 아닌 상태가 될 수도 있다. 이런 상태를 플로팅(floating)되어 있다고 말한다. 아래 그림은 2번 핀이 어느 곳과도 연결되지 않은 상태이다. 우측에 있는 시리얼 모니터에 0과 1이 무작위적으로 프린트된 것을 볼 수 있다. 디지털 핀에서 정확한 입력 데이터를 받으려면 반드시 0V 또는 5V가 입력되는 회로를 만들어야 한다.

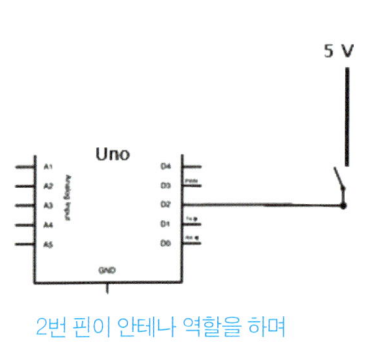

2번 핀이 안테나 역할을 하며 노이즈 전류를 받는다.

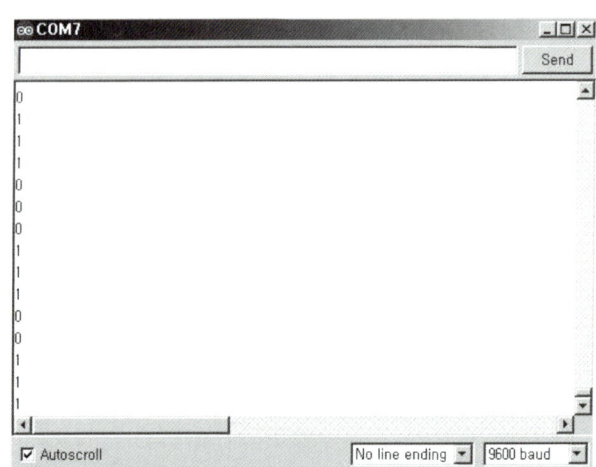

아래 그림과 같이 큰 값 저항을 사용한 이유는 스위치(버튼)를 ON시켰을 때 대부분의 전류는 핀 2로 입력되어 스위치가 눌려진 것을 알게 하고, GND 쪽으로는 매우 적은 전류가 흐르게 하는 것이다. 이렇게 하는 것을 풀 다운 저항을 사용했다고 한다.

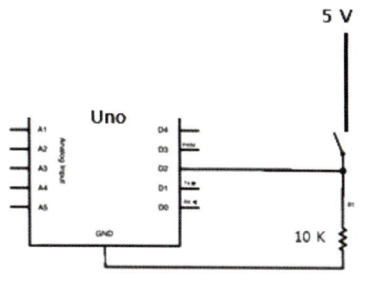
GND에만 연결되어 있어 언제나 0V

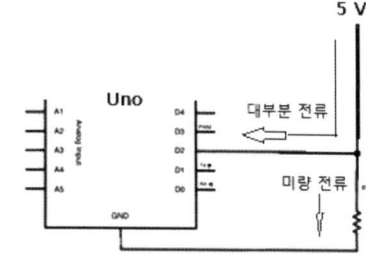
스위치 ON 상태에서 대부분 전류는 입력 핀으로

스위치가 ON된 상태일 때 아두이노에 들어가는 전력과 GND로 가는 전력을 계산해보자. 풀 다운 저항을 10KΩ, 아두이노 내부 저항을 100Ω 이라고 했을 때: V=IR 식을 사용하여 10KΩ 저항에는 0.0005A 전류가 흐르고, 100Ω 저항에는 0.05A 전류가 흐른다. 전력 P=V · I이므로 100Ω에 흐르는 전력 P1=0.25W이며, 10KΩ에 흐르는 전력 P2=0.0025W이다. 저항이 100배 커지면 전력은 1/100로 적어진다.

회로에서 ⏚ 표시는 GND(Ground)를 나타내는 표시이며, 배터리에서 –극은 GND이다.

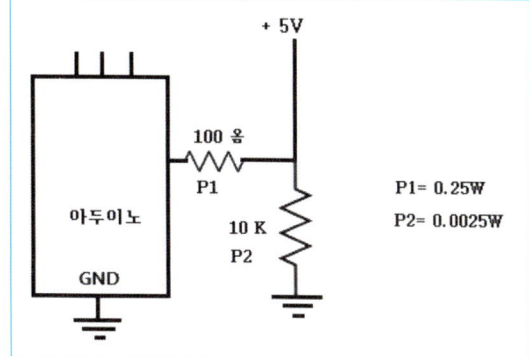

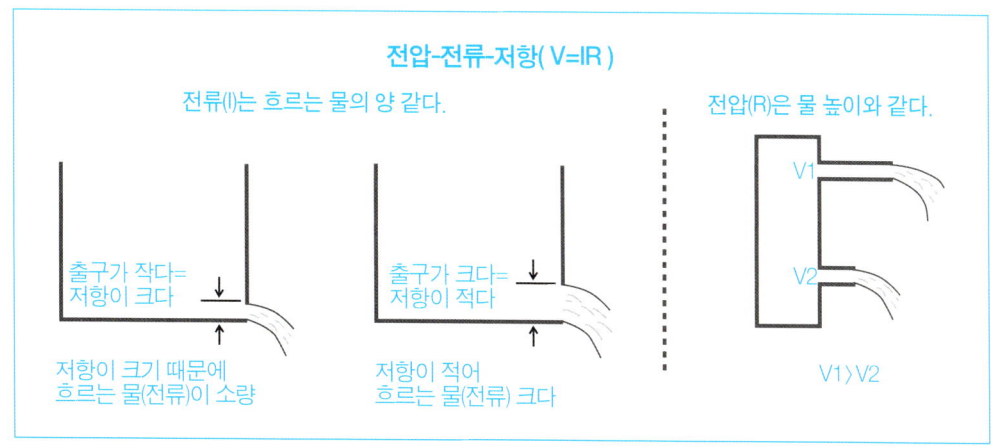

스위치를 푸시하여 LED 켜기

5번 프로젝트에서는 디지털 값을 시리얼 모니터에서 읽었다. 스위치가 ON이면 디지털 값은 1이고, OFF이면 0이었다. 이번 프로젝트는 시리얼 모니터 대신 LED를 사용하여 디지털 값이 1일 때, 전압은 5V이므로 LED가 ON 되고, 0일 때 즉 스위치를 누르지 않았을 때는 LED가 OFF 되게 해보자. 디지털 핀에서 신호를 읽어 다른 편으로 디지털 신호를 내보내는 프로젝트이다.

준비물
- 아두이노 우노 1개
- 브레드보드 1개
- 푸시 버튼 1개
- LED 1개
- 220Ω 저항 1개
- 점퍼 선 4개

 스케치

디지털 2번 핀에 푸시 버튼을 연결하고, LED는 디지털 9번 핀에 연결하는 스케치를 작성하면 된다. 오른쪽에 있는 스케치를 IDE에 입력하자.

```
// Button LED ON_OFF
// Button = pin 2, LED = pin 9
int Button = 2 ;
int led = 9 ;
void setup( ) {
  pinMode(Button, INPUT) ;
  pinMode(led, OUTPUT) ;
}

void loop( ) {
  int State = digitalRead(Button) ;
  if (State == 1) {
    digitalWrite(led, HIGH) ;
  }
  else { digitalWrite(led, LOW) ; }
  delay(1) ;
}
```

스케치 분석

- **pinMode(Button, INPUT);** 2번 디지털 핀을 INPUT으로.
- **pinMode(led, OUTPUT);** led가 연결된 핀은 OUTPUT으로.
- **digitalRead(Button);** 2번 핀에 있는 디지털 값을 읽는다.
- **int State=digitalRead(Button);** 디지털 2번 핀에 있는 값을 읽어 State라는 이름에 저장하라는 명령.
- **if(state ==1);** state에 있는 값이 1과 같으면이란 뜻이다. 같을 경우 이어지는 중괄호 { } 안에 있는 작업을 수행하라는 것이다.
- **else;** 앞에 있는 if 문장이 충족되지 않으면 else 뒤에 있는 중괄호 { } 안에 있는 작업을 수행.

==는 연산자라고 한다. A==B이면 A는 B와 같은가를 비교한다. 만약 같으면 참(1)이 되고, 다르면 거짓(0)이 된다. 디지털 섹션 마지막 부분에 연산자에 대하여 정리되어 있다.

하드웨어 연결

푸시 버튼을 앞에서와 같이 D2(2번 핀)에 연결한다. 풀다운 저항으로 1KΩ 을 사용하였다(10KΩ 을 사용해도 된다.) D9(핀 9번)에 220Ω 저항을 연결하고 LED를 연결한다. 스케치를 컴파일 후 업로드하면 준비 완료.
버튼을 푸시하면, LED의 빛이 밝게 빛나는 것을 볼 수 있다.

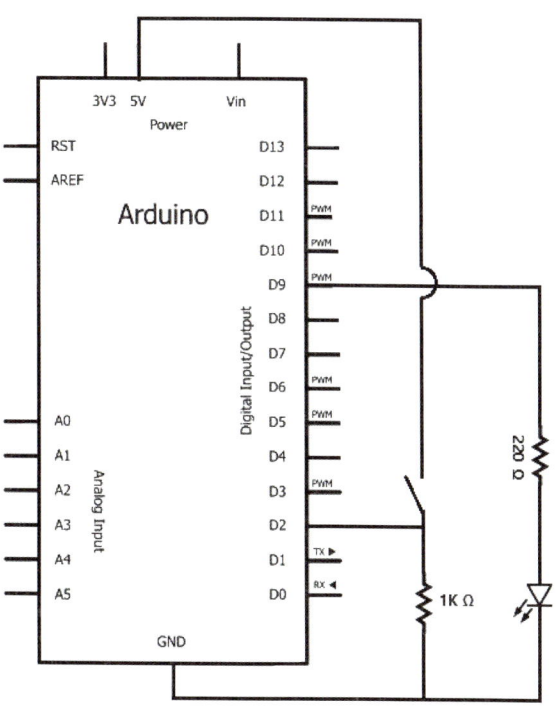

스위치 푸시 수에 따라 LED 켜기/끄기

앞에 있는 프로젝트는 스위치를 push하면 LED가 ON 되는 연습을 했다. 이번에는 스위치를 4번 push 하여야 LED가 ON되는 스케치를 작성해 보자. 하드웨어 연결은 앞 6번 프로젝트와 같다. 스위치를 push했던 회수가 얼마인지를 카운트하는 스케치를 작성하면 된다. IDE에 있는 예제를 사용해 보자. 아두이노 IDE ⇒ 파일 ⇒ 예제 ⇒ 0.2Digital ⇒ StateChangeDetection을 불러온다.

스케치

```
// push button LED ON/OFF in every 4th time
// http://arduino.cc/en/Tutorial/ButtonStateChange

const int  buttonPin = 2;    // the pin that the pushbutton is attached to
const int ledPin = 9;        // the pin that the LED is attached to

int buttonPushCounter = 0;   // counter for the number of button presses
int buttonState = 0;         // current state of the button
int lastButtonState = 0;     // previous state of the button

void setup() {
  pinMode(buttonPin, INPUT);  // initialize the button pin as a input:
  pinMode(ledPin, OUTPUT);    // initialize the LED as an output:
  Serial.begin(9600); // initialize serial communication:
}

void loop() {
    buttonState = digitalRead(buttonPin);  // read the pushbutton input pin:

if (buttonState != lastButtonState) {
   if (buttonState == HIGH) {
     buttonPushCounter++;
     Serial.println("on");
     Serial.print("number of button pushes:  ");
```

```
      Serial.println(buttonPushCounter);
    } else
{ Serial.println("off");  }
  }
lastButtonState = buttonState;
  if (buttonPushCounter % 4 == 0) {
    digitalWrite(ledPin, HIGH);
} else
{ digitalWrite(ledPin, LOW); }
}
```

스케치 분석

- **cont**   상수를 뜻하는 constant의 약자이다. button=2라는 값이 절대 바뀌지 말라고 한 것이다.
- **buttonState != lastButtonState;**   !=은 좌측과 우측이 같지 않으면 참(True)이 되는 연산자이다.(뒤에 설명)
- **if (buttonState != lastButtonState);**   좌측과 우측이 같지 않으면.
- **buttonState == HIGH;**   ==은 좌측과 우측이 같으면 참(True)이 되고 다르면 거짓(False)이 된다.
- **buttonPushCounter % 4 == 0;**   %는 4로 나눈 나머지가 0과 같은가 즉 4번 푸시되었는지.
- **if(buttonState == High) { ;**   buttonState가 HIGH와 같으면 이어지는 중괄호 { 안에 있는 작업을 수행하라이다.
- **buttonPushCounter ++ ;**   buttonPushCounter = buttonPushCounter +1과 같은 것이다.
- **%4 ;**   4로 나눈 나머지 값을 나타내는 것이다.
- **buttonPushCounter %4 == 0;**   buttonPushCounter를 4로 나눈 다음 나머지가 0과 같으면 참(True) 다르면 거짓(False)이 된다.
- **%**   나눈 다음 나머지 값이다. 3%2를 명령하면 결과는 나머지인 1이 된다. %도 연산자이다. (뒤에 설명)

이번 프로젝트 스케치에는 연산자들이 나왔다. 1부 마지막 부분에 정리되어 있다.

하드웨어 연결

이제 스케치를 컴파일하고 업로드하자. 스위치를 4번 누르면 LED가 켜지는 것을 볼 수 있다. 위에 있는 스케치에서 %4를 %2로 바꾸면 짝수 번 누를 때마다 LED를 ON 시키는 스케치가 된다.

스케치를 수정한 다음에는 반드시 업로드해야 새로운 스케치가 아두이노 MCU로 이동된다.

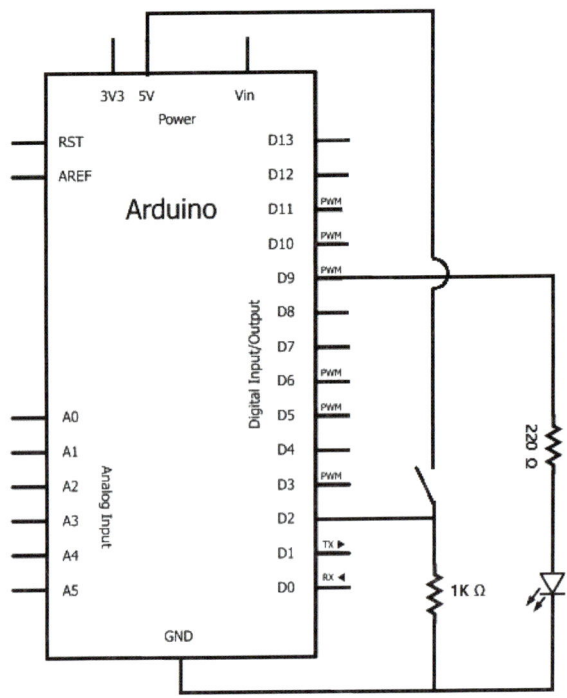

8 RGB LED 색상 조정하기

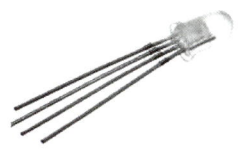

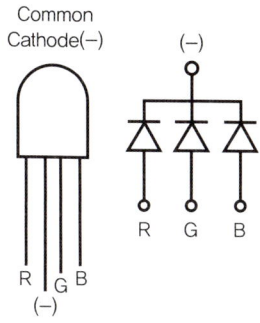

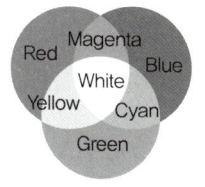

빨강-녹색-파란색 광원이 하나의 LED로 만들어진 것을 RGB LED라고 한다. RGB는 Red-Green-Blue의 약자이다. 3개의 LED가 하나로 합해져 있으므로 색상마다 리드 선이 하나씩 있다. +극을 각자 사용하면서, 공통 음극을 사용하면 Common Cathod 타입이다. -극을 각자 사용하면서, 공통 양극을 사용하면 Common Anode 타입이라고 부른다. 각 색상이 밝기를 조정하면서 여러 가지 색상으로 만들어 보자.

PWM을 사용하여 빛의 세기를 조정하기 위하여 핀 9, 10, 11을 출력 핀으로 사용하자.

RGB의 색상을 적절하게 조합하면 왼쪽에 표시한 색상보다 더 많은 다양한 색상을 만들어 낼 수 있다. 모니터 및 TV에서도 RGB 3가지 색상을 조합하여 모든 색을 만드는 것이다.

준비물
- 아두이노 우노, 브레드보드 각 1개
- RGB LED 1개
- 저항 1KΩ 1개
- 점퍼선 5개

이번 프로젝트를 통해 알리고 싶은 사항은 아두이노 스케치를 체계적으로 작성하는 방법인 함수(function)를 만들어 사용하는 방법이다. 스케치에서 어떤 작업을 반복적으로 수행해야 할 때, 같은 명령을 2번, 3번 … 여러 번 입력해야 한다면 번거로운 일이다. 이럴 때 반복해야 하는 작업을 하나의 그룹으로 만들어 필요할 때마다 불러 쓰면 매우 편리하게 된다. 구조적으로 다음과 같다.

```
void setup( ) {      } //   기본 요소
void loop( ) {       } //   기본 요소
void Xyz( ) {        } //   개인이 필요에 따라 만든 함수. 함수 명칭은 임의로 부여할 수 있고 여기
                            에서는 Xyz를 사용
```

함수 안에 파라미터도 작성자가 원하는 만큼 사용할 수 있다. 우선 작성된 스케치를 한번 본 다음 설명을 이어 나가도록 하겠다.

 스케치

```
// Fading RGB LED
int redPin = 11;
int greenPin = 10;
int bluePin = 9;

void setup() {
   pinMode(redPin, OUTPUT);
   pinMode(greenPin, OUTPUT);
   pinMode(bluePin, OUTPUT);
}

void loop() {
   setColor(250, 105, 0);   // Yellow
   delay(1000);
setColor(250, 40, 0);    // Orange
   delay(1000);
setColor(255, 0, 0);   // Red
   delay(1000);
setColor(10, 10, 255);   // Blue
   delay(1000);
setColor(255, 0, 100);   // Pink
   delay(1000);
setColor(200, 0, 255);   // Purple
   delay(1000);
setColor(0, 255, 0);   // Green
   delay(1000);
setColor(255, 255, 255); // White
   delay(1000);
}

void setColor(int red, int green, int blue) {
   analogWrite(redPin, 255-red);
   analogWrite(greenPin, 255-green);
   analogWrite(bluePin, 255-blue);
}
```

스케치 분석

■ 스케치에서 처음 보는 단어는 **setColor(, ,)**와 **void setColor(int red, int green, int blue) {** 이다.
■ **setColor**라는 함수를 만들어서 **loop**에서 8번 불러 사용했다.
■ **loop** 안에서 **setColor(250, 105, 0)**를 하면 **void setColor(int red, int green, int blue)**로 가서 첫 번째 숫자 250은 red에, 두 번째 105는 green에, 세 번째 0은 blue에 들어간다. 그리고 이어서 중괄호 { } 안에 있는 **analogWrite( )** 작업들을 수행한다.
■ **analogWrite(redPin, 255-red)**   redPin에, 255-red인 값을 내보내라는 것이다.

하드웨어 연결

스케치를 컴파일하고, 업로드하자. LED 색상이 여러 컬러로 변하는 것을 볼 수 있다.

이 프로젝트에서는 편의상 1개의 1KΩ 저항을 사용했다. LED 전류 데이터를 사용하여 R, G, B 에 각각 적절한 저항을 연결하면 보다 선명한 색상 조합을 만들어 낼 수 있다.

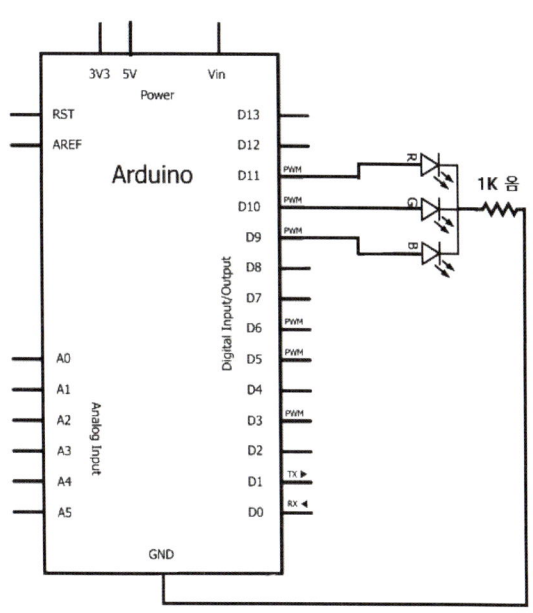

9 모션감지 센서

절대영도 이상의 물질은 표면에서 항상 열을 방사(radiation)하고 있다. 우리 눈으로 볼 수 없는 이유는 눈이 감지할 수 있는 가시광선 파장 길이보다 긴 적외선(infrared)이기 때문이다. 초음파 센서는 센서 자체에서 음파를 발생시켜, 돌아오는 음파를 감지하여 거리를 측정하는 방식이다. 이런 센서를 액티브 센서라고 한다. 반면 PIR(Passive InfraRed)와 같은 패시브(passive) 센서는 에너지가 소모되게 파장을 발생시키지 않고, 그냥 들어오는 열파장만 검출(detect)하는 방법이기 때문에 에너지 절약형 센서이다. 사람이 오면 켜지는 현관 등이 대표적 응용 사례이다. 감시 카메라의 경우 항상 켜져 있으면 에너지가 많이 소모된다. PIR 센서를 사용하면 움직이는 물체가 포착되었을 때만 작동하게 할 수 있어 에너지 절약형 제품 개발에 적합한 센서이다.

준비물
- 아두이노 우노 1개
- PIR 센서 1개
- LED 1개
- 220Ω 저항 1개
- 점퍼 케이블

PIR 센서를 사용하여, 움직임이 감지되면 전구를 켜든지, 문을 오픈시키든지 하는 일을 시킬 수 있다. 실제로 220V 전구, 에어컨 등을 작동시키려면 추가의 회로가 필요하다. Appendix 3에 아두이노로 큰 전력을 작동시키는 방법을 설명하였다.

스케치

이번 프로젝트는 모션이 감지되면 LED를 ON 시키는 간단한 작업을 할 것이다. PIR 센서에서 나오는 디지털 신호는 아두이노 핀 3번에서 받고, 13번 핀에 연결된 LED가 ON 되게 하자.

```
// PIR sensor motion detector

int ledPin = 13; // LED pin
int inputPin = 3; // PIR sensor input pin
int pirState = LOW; // in the begging, assume no motion detected
int val = 0;

void setup() {
pinMode(ledPin, OUTPUT); // LED as output
pinMode(inputPin, INPUT); // sensor as input
Serial.begin(9600);
}

void loop(){
val = digitalRead(inputPin);  // read input value
if (val == HIGH) //  if the input is HIGH do the following
 {
digitalWrite(ledPin, HIGH); // turn LED ON
if (pirState == LOW)   // we have just turned on
 {
Serial.println("Motion detected!");
pirState = HIGH;
 }
 } else {
digitalWrite(ledPin, LOW); // turn LED OFF
if (pirState == HIGH){
Serial.println("Motion ended!");
pirState = LOW;
}
}
```

스케치 분석

- LED와 연결된 핀은 OUTPUT 으로, 그리고 센서와 연결된 핀(inputPin)은 INPUT 모드로 설정하였다.
- **digitalRead(inputPin);**   읽혀지는 디지털 값은 1 아니면 0이다.
- 아두이노에서 HIGH는 1이다. val == HIGH는 val 값이 1이면 참(True), 0이면 거짓이다.
- **if(val == HIGH);**   ( ) 안에 값이 참이면 이어지는 중괄호 { } 안에 있는 작업을 수행하라는 것이다.
- 아두이노에서 LOW는 0이다. pirState == LOW는 pirState 값이 0과 같은가를 비교하는 것이다. 같으면 참이다.

하드웨어 연결

모션이 PIR 센서에 감지되었는지 여부를 확인하기 위한 LED를 핀 13번에 연결한다.
PIR 센서에서 나오는 출력 Vout를 디지털 핀 3번에 연결한다.

회로연결

PIR	아두이노
+	5V
Vout	디지털 핀 3
-	GND

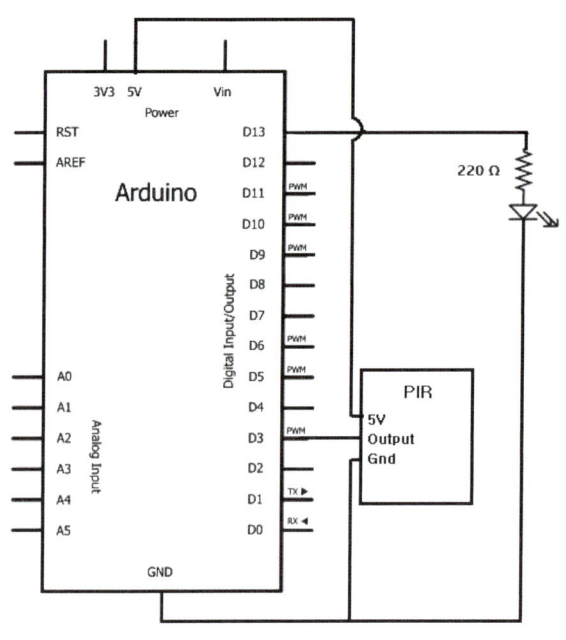

스케치를 컴파일하고, 업로드하자. 시리얼 모니터를 오픈한다. 센서 앞에서 손을 흔들거나 얼굴을 보여주어서 적외선이 감지되게 하면 MOTION DELETED ! 가 프린트되고 LED도 켜진다.

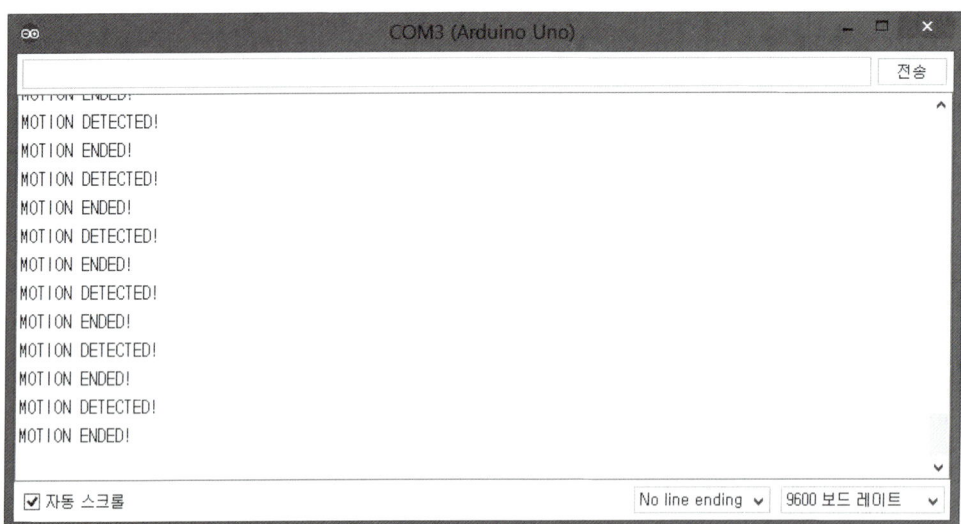

민감도 조절이 필요하면 PID 모듈 옆에 있는 플라스틱 조절 노브 스크루를 조정하면 된다.

10 초음파 센서(Utrasonic Distance Sensor)로 거리 측정

준비물
- 아두이노 우노 1개
- 초음파 센서 1개
- 점퍼 케이블 4개

박쥐가 어두운 동굴 벽을 피하면서 잘 날아 다니는 것은 초음파를 사용하고 있기 때문이다. 초음파는 파장이 짧은 음파를 말한다. 물속에서 고래도 초음파로 의사를 소통한다고 한다. 초음파 센서의 원리는 초음파를 발생시키는 장치(Trig)와 물체에 반사되어 돌아오는 음파를 받는(Echo) 장치로 구성되어 있다. 프로젝트에서 사용할 센서는 HC-SR04이다.

초음파를 LOW 상태로 2마이크로세컨드, 그리고 HIGH 상태로 10 마이크로 세컨드, 이어서 LOW 상태로 trig(발생)시키면, Echo 장치는 초음파의 한 소절이 끝나는 것으로 인식한다. 초음파가 발생 시간과 돌아오는 시간을 체크하여, 앞에 있는 물체와의 거리를 계산하는 것이다.

스케치

이 스케치에는 새로 등장하는 단어들이 있다. 확인해 보고 아래 설명으로 가자.

```
// Ulrasonic Distance Sensor, HC-SR04
#define trigPin 13
#define echoPin 12

void setup() {
Serial.begin (9600);
pinMode(trigPin, OUTPUT);
pinMode(echoPin, INPUT);
}

void loop() {
```

```
long duration, distance; // need big memory 4 byte
digitalWrite(trigPin, LOW);  // start emitting ultrasonic sound by trig in LOW
delayMicroseconds(2);     // stay 2 microsecond in LOW tring stage
digitalWrite(trigPin, HIGH); // change trig signal to HIGH
delayMicroseconds(10);   // stay in HIGH stage for 10 microsecond
digitalWrite(trigPin, LOW); // change trig to LOW means end of trig cycle. then read Echo
duration = pulseIn(echoPin, HIGH); // read time between trig and echo
distance = (duration/2) / 29.1;  // calculate the distance from sound travelling duration

 if (distance >= 200 || distance <= 0) // this is beyound capabilty of this sensor
{
Serial.println ("Out of range");
}
else {
Serial.print(distance);
Serial.println(" cm");
}
delay(500);
}
```

스케치 분석

- 스케치 처음 라인에 **#define trigPin 13**이라는 문장이 나온다. 내용적으로는 int trigPin=13과 같은 동작을 한다고 이해하면 된다. #는 모든 문장에 앞서 가장 먼저 처리한다고 하여 전처리문이라고 한다. # 뒤에 include 등 따라서 나오는 몇몇 단어들이 있다.

- 유념할 사항은 #로 시작되는 문장에는 '=' 사인을 사용하지 않는다는 것이다. 위에 있는 스케치는 13번 핀으로 초음파를 trig시키고, 돌아오는 echo를 12번 핀에서 받게 된다.

- **loop( )** 안에서 3단계 trig를 하였다. LOW로 2 microsecond – HIGH로 10 microsecond – LOW가 되게 하였다. 초음파 한 소절 사이클이다.

- **pulseIn**(핀번호, HIGH/LOW) 입력 핀에 들어오는 펄스의 시간을 마이크로세컨드 단위 값으로 읽는다. pulseIn(핀 번호 ,HIGH)이면 HIGH 펄스가 되돌아올 때까지 걸린 시간을 pulseIn(핀 번호, LOW)이면 LOW 펄스가 되돌아오는 시간을 표시한다.

- **distance = (duration/2) / 29.1;** 2로 나누는 이유는 duration이 왕복시간이기 때문에 편도에 걸리는 시간으로 만들기 위한 것이다. 29.1로 나누는 이유는 소리의 속도를 환산하기 위한 것이다.

> 자세하게 설명하면. 공기 중에서 소리의 속도는 331.5m/s이다. 이 속도는 섭씨 영도에서의 속도이고 온도가 올라가면 공기 분자가 가벼워져서 소리를 잘 전달할 수 있기 때문에 소리의 속도는 빨라진다. 1도 올라갈 때마다 0.6 m/s만큼 빨라진다. 20도일 때 소리의 속도= 331.5+0.6×20이므로 343.5m/s이 된다. 마이크로세컨드 당 속

도는 343.5×100/1,000,000이므로 0.03435cm/us이다.
echo에서 검출된 시간 즉 pulseIn( )에서 측정된 시간이 Y 마이크로세컨드이면
거리=속도X시간이므로
왕복거리=0.3435Y, 분수로 표시하면 왕복거리=Y/29.1이 된다.
편도거리=(Y/2)/29.1이 된다.
스케치에서 편도거리=distance이며, Y=duration인 것을 알 수 있다.

■ if (distance >= 200 || distance <= 0)에서 ||는 OR (또는)이라는 뜻으로 사용되는 기호인데 이런 종류를 연산자라고 부른다. (디지털 마지막 부분에 연산자에 대하여 설명되어 있음)

distance >= 200의미는 distance가 200 이상인가.
distance <= 0의미는 distance가 0 이하인가.
distance >= 200 || distance <= 0 은 distance가 200 이상이거나 0 이하이면 참(True)이다.
위 두 사항 중 하나가 사실이면 다음에 있는 중괄호 { } 안에 있는 명령을 수행하라는 문장이다.
여기에 사용된 초음파 센서는 한계가 200cm 이내라는 것도 유념하기 바란다.

하드웨어 연결

회로연결

초음파센서	아두이노
Vcc	5V
Trig	13
Echo	12
Gnd	GND

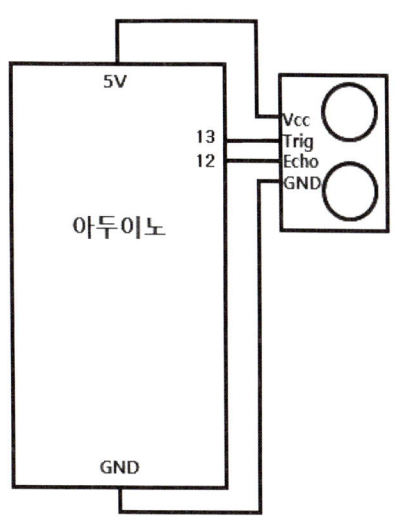

스케치를 컴파일하고, 업로드하고, 시리얼 모니터 창을 오픈한다. 물체를 초음파 센서 앞으로 가져다 놓으면 거리가 시리얼 모니터에 프린트되는 것을 볼 수 있다.

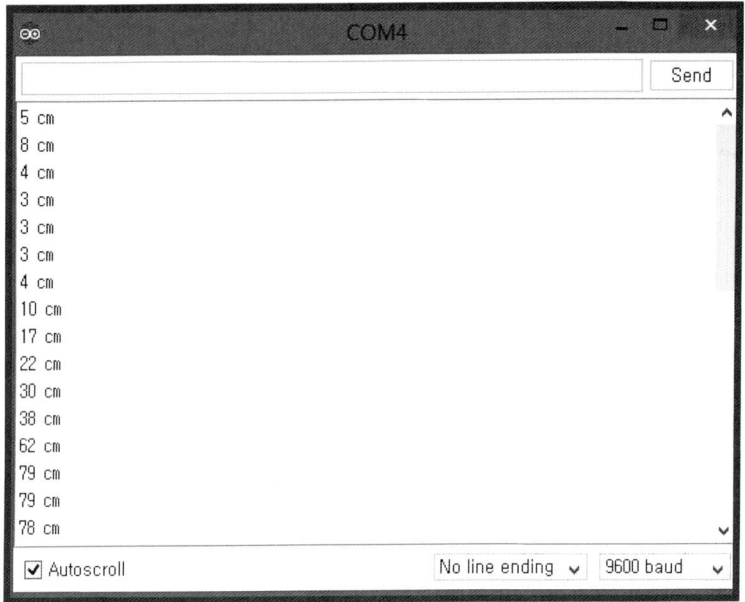

11 온도 습도 센서(DHT11)

이번에는 온도와 습도를 센서 하나로 측정하는 프로젝트이다. 이전까지의 프로젝트에서는 다루지 않았던 라이브러리를 사용하는 방법을 소개한다. 아두이노의 큰 장점은 풍부한 라이브러리를 사용할 수 있다는 것이다. 아두이노 사용자, 센서 제작자, 부품 모듈 판매 회사 등 매우 많은 단체와 개인들이 아두이노 사용자를 위하여 많은 오픈 소스 프로그램을 만들어 놓았다. 무료로 다운받아 사용할 수 있다.

DHT11 핀
1 Vcc
2 Data
3 NC
4 Gnd

준비물
- 아두이노 우노 1개
- DHT11 센서 1개
- 10KΩ 저항 1개
- 점퍼 케이블

DTH 온습도 센서는 DHT11, DHT22 등 패밀리가 있다. 숫자가 높은 제품이 정확도는 높지만 가격은 비싸다. DHT11인 경우는 2$ 정도이지만, DHT22는 10$이다. 핀 배치는 같다. 사진과 같이 앞면을 바라볼 때 1번은 5V 입력 핀이고, 2번은 데이터 핀이다. 3번은 사용하지 않는 것이고 4번은 GND이다.

프로젝트를 수행하기 위하여 라이브러리를 사용할 것이기 때문에 전자 도서관을 방문해야 한다.

https://github.com/adafruit/DHT-sensor-library를 입력하면, DHT-Sensor 라이브러리가 다음과 같이 나온다.

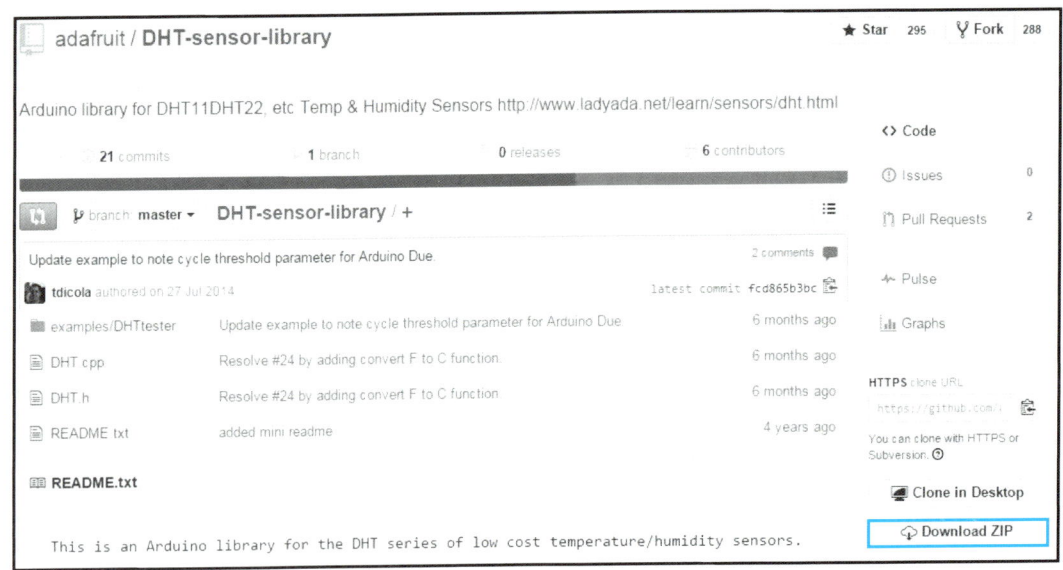

우측 하단에 있는 Download ZIP를 클릭하면 여러분의 컴퓨터에 DHT-sensor-library-master zip 파일이 다운된다. 이 ZIP 파일을 클릭하면 아래와 같은 압축풀기 화면이 나온다. 이제 압축풀기를 클릭한다.

그러면 압축 풀린 DHT-sensor-library-master 파일이 생성된다. 파일 이름을 DHT로 바꾼다.

이 DHT 파일을 내문서 ⇒ arduino ⇒ libraries 안으로 이동시킨다. 이것으로 완벽하게 내 라이브러리 안에 DHT라는 라이브러리 파일을 추가시킨 것이다.

스케치

이제 스케치를 보자. 새로운 단어들이 나왔다.

```
// DHT Tester
// Example testing sketch for various DHT humidity/temperature sensors
// Written by ladyada, public domain

#include "DHT.h"

#define DHTPIN 2     // what pin we're connected to

#define DHTTYPE DHT11   // DHT 11

DHT dht(DHTPIN, DHTTYPE);

void setup() {
  Serial.begin(9600);
  Serial.println("DHT11 test!");

  dht.begin();
}

void loop() {
delay(2000);

  float h = dht.readHumidity();
  // Read temperature as Celsius
  float t = dht.readTemperature();
  // Read temperature as Fahrenheit
  float f = dht.readTemperature(true);

  // Check if any reads failed and exit early (to try again).
  if (isnan(h) || isnan(t) || isnan(f)) {
    Serial.println("Failed to read from DHT sensor!");
    return;
  }

  // Compute heat index
  // Must send in temp in Fahrenheit!
  float hi = dht.computeHeatIndex(f, h);
```

```
    Serial.print("Humidity: ");
    Serial.print(h);
    Serial.print(" %\t");
    Serial.print("Temperature: ");
    Serial.print(t);
    Serial.print(" *C ");
    Serial.print(f);
    Serial.print(" *F\t");
    Serial.print("Heat index: ");
    Serial.print(hi);
    Serial.println(" *F");
}
```

스케치 분석

- **#include "DHT.h"** 다운로드하여 라이브러리에 있는 DHT를 사용한다는 뜻이다.
- **#define DHTPIN 2** 2번 핀 이름을 DHTPIN으로 명명하였다.
- **#define DHTTYPE DHT11** DHT11의 이름을 DHT TYPE으로 명명하였다.
- **DHT dht(DHTPIN, DHTTYPE);** DHT 라이브러리 함수를 사용하면서, 내 스케치에서는 이름을 dht 라고 임의로 부여했고, 핀 번호와 센서 타입을 파라미터로 보내준다.
- **dht.begin( );** DHT 라이브러리를 시작시키라는 명령.
- **dht.computeHeatIndex(f, h);** 라이브러리에 있는 함수를 사용하여 HeatIndex 값을 찾아내는 것이다.
- **float;** 정수인 것을 알릴 때는 int를 사용하였다. 소수점이 있는 숫자인 것을 알릴 때는 float이라고 해주어야 한다.
- **float h = dht.readHumidity( );** 라이브러리가 인식하는 함수 이름으로 습도를 읽어 h에 저장하라.
- **float t = dht.readTemperature( );** 섭씨온도를 읽어 t에 저장한다.
- **isnan(h) || isnan(t);** isnan(h)의 의미는 h is n a n(not a number) 즉 ( ) 안에 있는 h 값이 숫자가 아닌가? 이다.

  isnan(t)의 뜻은 t is n a n(not a number) 즉 ( ) 안에 있는 t 값이 숫자가 아닌가?

  ||는 OR(또는)이라는 뜻이다.

  예) A OR B이면 둘 중 하나만 만족되어도 통과이다. A AND B인 경우는 A와 B 둘 다 만족되어야 된다.

- **isnan(h) || isnan(t) || isnan(f);** h, t, f 어느 것 하나라도 숫자가 아니면 { 안에 있는 작업을 수행하라는 것이다. 여기에서는 Failed to read from DHT sensor 즉 센서를 읽을 수 없다는 메시지를 시리얼 모니터에 프린트하는 것이다.

- **Serial.print("%\t");** \는 단어 W가 아니고 키보드 우측에 있는 \ 표시이다. \t 하면 키보드의 Tab 키만큼 커서를 이동하라는 것이다. %\t는 %를 프린트하고 Tab만큼 간격을 띄우라는 것이다.
- **Serial.print("*F\t");** *F를 프린트하고 Tab만큼 간격을 띄우라는 것이다.
- *는 포인터 표시인데 여기에서는 그 값을 저장하고 있는 주소를 나타내는 표시 정도로 이해하면 된다.
- **int;** int는 2바이트 즉 16비트 사용 2^16=65,536까지 저장할 수 있다. float는 4바이트 즉 32비트 사용. 훨씬 큰 숫자도 사용 가능하다.

새로운 라이브러리를 추가한 후에 사용하려면 반드시 arduino를 다시 시작해 주어야 한다.

하드웨어 연결

풀업 저항을 사용하여 아두이노를 보호해야 한다. 실수로 센서 연결이 풀어졌을 때 과전류가 핀으로 흘러 들어갈 수 있기 때문이다.

회로연결

DHT22 센서	아두이노
1: Vcc	5V
2: Data	디지털 핀2
3: NC	-
4: Gnd	GND

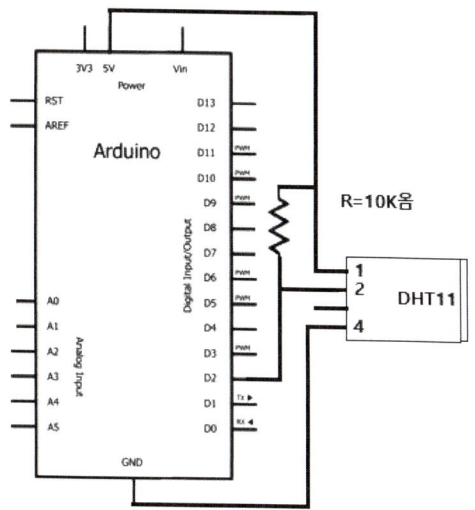

스케치를 컴파일하고, 업로드한다. 시리얼 모니터를 오픈하면 습도와 온도가 프린트되는 것을 볼 수 있다.

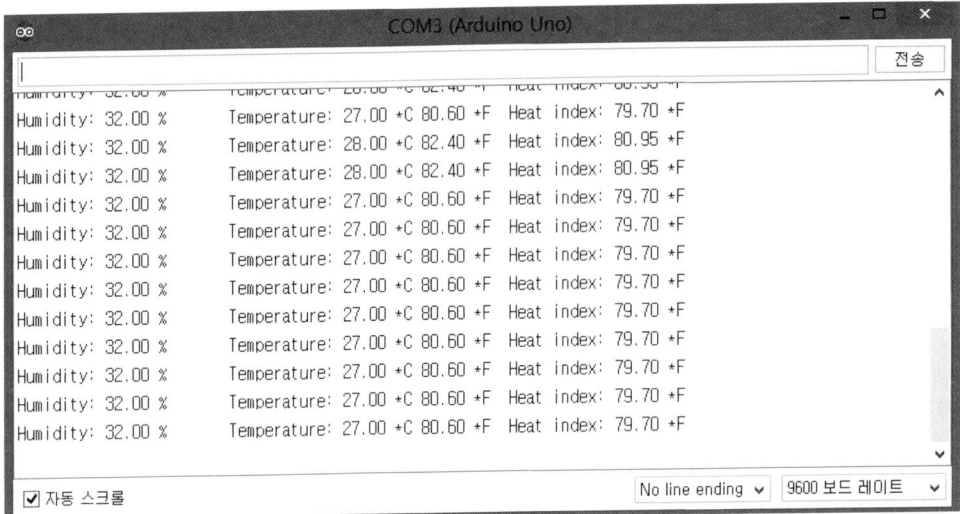

빛 주파수 감지센서: Light to Frequency

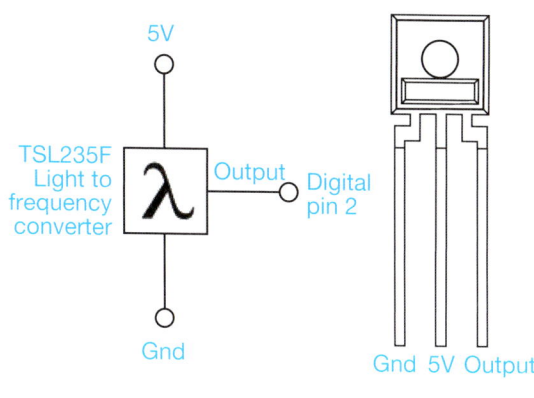

빛의 밝기를 주파수(frequency)로 변환하는 센서 (TSL235R Light to Frequency Converter)이다.
빛 에너지(uW/cm^2: 센티미터 당 마이크로 와트) 는 주파수에 비례한다.
광센서(Photo Resistor 또는 CDS)는 빛의 양(조도) 에 따라 저항 값이 변하지만, 여기에서 사용되는 빛 센서는 빛의 세기를 주파수로 변환시켜 내보내 는 센서이다.

준비물
- 아두이노 우노, 브레드 보드 각 1개
- TSL235R 센서 1개
- 점퍼 케이블

 스케치

제조회사인 Parallax(http://learn.parallax.com)에서 만든 스케치가 아래에 있다.

```
///Light Frequency Converter TSL235R monitoring
// Rob Tillaart : http://playground.arduino.cc/Main/TSL235R

volatile unsigned long cnt = 0;
unsigned long oldcnt = 0;
unsigned long t = 0;
unsigned long last;

void irq1( )
{ cnt++; }

void setup() {
```

```
  Serial.begin(115200);
  Serial.println("START");
  pinMode(2, INPUT);
  digitalWrite(2, HIGH);
  attachInterrupt(0, irq1, RISING);
}

void loop()
{
  if (millis() - last >= 1000)
  {
    last = millis();
    t = cnt;
    unsigned long hz = t - oldcnt;
    Serial.print("FREQ: ");
    Serial.print(hz);
    Serial.print("\t = ");
    Serial.print((hz+50)/100);  // +50 == rounding last digit
    Serial.println(" mW/m2");
    oldcnt = t;
  }
}
```

스케치 분석

스케치에서 새로 만나는 단어들이 있다.

- **volatile**는 데이터 타입 앞에서 사용하며, 고정된 값이 아니라 프로그램 수행 중 바뀔 수 있는 값을 정의할 때 사용한다. 아두이노에서는 Interrupt 루틴을 사용할 때만 이용되고 있다. Interrupt 루틴을 사용할 때는 delay( )를 사용하지 않고 millis( )를 사용해야 한다.
- **delay( )**가 작동하는 동안에는 모든 작업이 정지된다. 만약 보안을 위한 센서를 아두이노에 설치하고 delay( ) 함수를 사용한다면, delay( )가 작동하는 시간 중에는 센싱 기능이 마비되어 보안이 풀린 것과 같은 상태가 된다. 이런 경우에는 delay( ) 대신 Interrupt 루틴을 사용하는 millis( )를 사용해야 한다. millis( ) 시간 단위는 1/1000 초이다.
- **byte**에서 바이트=8 비트이므로 $2^8-1=256$. 즉 0~255까지 사용 가능.
- **int**는 2바이트이므로 0~($2^{16}-1$)까지의 65,535까지 사용 가능.
- **long**은 4바이트(32비트) 즉 −2,147,483,648~2,147,483,647 범위까지 사용 가능.
- **unsigned long**은 음수(−)를 사용하지 않고 4바이트(32비트) 숫자까지 저장할 수 있는 변수이다. 즉 0~4,294,967,295

- **void irq1( )**은 함수이다.
- **cnt ++**는 cnt=cnt+1과 같다.
- 스케치에서는 이제까지 사용하던 9600 baud 대신 115200 baud를 사용하고 있기 때문에 시리얼 모니터 우측 하단에 있는 속도를 바꿔 주어야 한다. 기존에 사용하던 9600을 그대로 사용할 수도 있다. 그러나 항상 스케치에서 지정한 속도와 시리얼 모니터에서 보는 속도는 같아야 한다. 샘플링 속도를 (millis( )−last) =1000)로 했는데 정확도를 높이기 위해 숫자를 변화시키면서 테스트해보는 것도 좋다.
- **pinMode(2, INPUT)**와 **digitalWrite(2, HIGH)**를 사용한 이유는 MCU 내부에 있는 풀업 저항을 사용하기 위한 것이다. 풀업 저항은 10KΩ 이고 높은 전류가 핀으로 입력되는 것을 막기 위한 조치이다.
- **attachInterrupt(0, irq1, RISING)**을 사용하였다. 사용한 파라미터 내용을 보면 attachInterrupt(인터럽트 핀, 함수, 모드)이다. 인터럽트 핀은 아두이노 우노인 경우 디지털 2번 핀이 인터럽트 0번 핀이고, 디지털 3번 핀이 인터럽트 1번 핀이다. 함수는 인터럽트가 발생할 때마다 부르는 함수인데 여기 스케치에서 만든 것은 irq1이다. 모드는 언제 인터럽트 하느냐를 알려주는 것으로 시그널이 올라갈 때 하라고 RISING을 선택한 것이다.
- 인터럽트는 한 번만 셋업해 주면 어떤 작업 수행 중이라도 (loop 안에서 작동하고 있어도) 인터럽트 신호를 감지하면 이 작업을 먼저 수행하고 이어서 이전 중단했던 작업을 한다.

하드웨어

센서 정면(가운데 원이 보이는 쪽)에서 왼쪽 GND를 아두이노 GND에 연결하고, 중앙에 있는 5V를 아두이노 5V에 연결하고, 맨 우측에 있는 출력 포트를 아두이노 핀 2에 연결한다. 테이블로 정리하면 오른쪽과 같다.

센서	아두이노
핀 1: GND	GND
핀 2: 5V	5V
핀 3: Output	디지털 핀

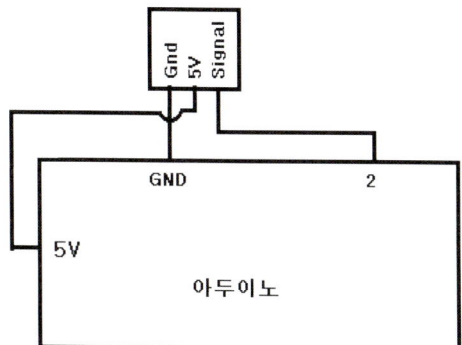

스케치를 컴파일, 업로드한다. 시리얼 모니터에 결과가 프린트되어 나온다.

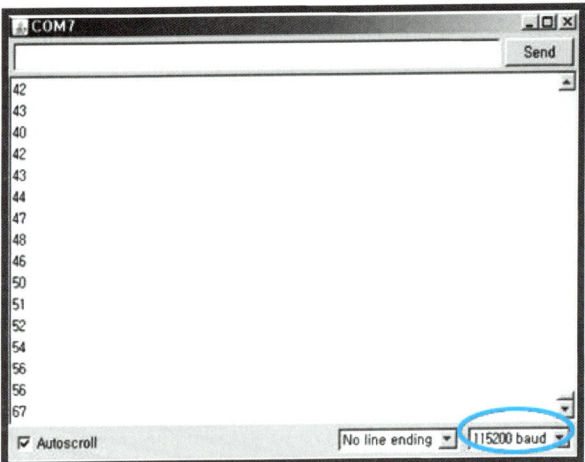

아두이노 스케치 구조와 기본 언어 중간정리

1 스케치 구조

좋은 스케치, 잘 작성된 스케치란 어떤 것인가? 짧고 간결하게 된 스케치가 최고일 것 같지만, 항상 그렇지는 않다. 만약 본인이 나중에 수정하려고 할 때, 오래전에 작성한 것이어서 어떻게 작성했는지 이해하기 쉽지 않다면 결코 잘 만들어진 스케치라고 할 수 없다. 현재 생산되는 마이크로 프로세서는 속도도 빠르고 메모리 용량도 충분하다. 메모리가 더 필요하면 추가로 연결할 수도 있다. 본인이 나중에 보아도 쉽게 이해할 수 있는 스케치가 좋은 스케치다. 그러기 위해서는 상수나 변수 명칭은 짧은 약자보다 이해하기 쉬운 단어를 사용하는 것이 좋다. 그리고 라인 들여쓰기는 간혹 미스하기 쉬운 중괄호를 파악하는데 도움이 된다. 메인 스케치는 간결하게 하고 함수를 적절하게 만들어 사용하는 것이 좋은 방법이다. 스케치는 본인의 개성이므로 하나의 정답은 없다.

스케치는 setup( )과 loop( )만 가지고 있는 기본구조에서부터, loop( ) 안에서 모든 작업을 처리하는 일반적인 구조와 각 작업을 함수화하여 분리시킨 함수 포함 구조를 생각할 수 있다. 가장 좋은 구조는 작업들이 명료하고, 디버깅하기 쉬운 함수 포함 구조이다.

최소 기본구조	기본구조	함수 포함 구조

void setup( )
{ }
 	
void loop( )
{ }
	#라이브러리
	#전처리
	void setup( )
	{
	pinMode( )
	Serial.begin( ) ...
	}
	
	void loop( )
	{ }
		#라이브러리
		#전처리
		void setup( )
		{
		pinMode( )
		Serial.begin( ) ...
		}
		
		void loop( )
		{ }
		
		함수 { }
		함수 { }

2 스케치 스케치 주요 단어 정리

앞에서 사용했던 스케치의 주요 단어들을 정리해 놓았다.

- **디지털 출력**
  pinMode(핀 번호, OUTPUT);
  digitalWrite(핀 번호, HIGH/LOW); // HIGH 또는 LOW

- **디지털 입력**
  pinMode(핀 번호, INPUT);
  value = digitaRead(핀 번호); // value값은 HIGH(1) 또는 LOW(0)

- **아날로그 출력(PWM)**
  pinMode(핀 번호, OUTPUT);
  analogWrite(핀 번호, 출력값); // 출력값은 0~255

- **아날로그 입력**
  value = analogRead(핀 번호); // value값은 0~1024, pinMode( )는 사용하지 않아도 된다.

- **If** (조건) {조건을 충족하면 이 중괄호 안에 있는 명령을 수행}
- **If** (조건) {조건을 충족하면 이 중괄호 안에 있는 명령을 수행}
  else {아니면 이 중괄호 안에 있는 명령 수행}
- **for** (반복 시작점, 반복 범위, 증/감숫자) {반복 수행할 내용}
  예) for (i=0 , i < 10, i++) {   }

- **millis( );**   // 프로그램 구동부터 지금까지의 시간 1/1,000 단위
- **micros( );** // 프로그램 구동부터 지금까지의 시간 1/1,000,000 단위
- **delay(ms);**   // 1/1,000 초 단위, ms시간 쉬었다 감.
- **delayMicrosecond(us);**   // 1/1,000,000 초 단위, us시간 쉬었다 감.

※ delay( ), delayMicrosecond( )는 프로그램의 모든 동작을 delay( ) 시간 동안 멈추게 하지만, millis( ), micros( )는 프로그램을 멈추게 하지 않는 차이가 있음.

Serial.
   begin( ); // 예 9600
   print( ); ( ) 안에 있는 내용을 시리얼 모니터에 프린트한다.
   println( ); // 프린트하고 줄 바꿈
   available( ); // 시리얼 포트의 버퍼에 데이터를 놓는다.
   read( ); // 시리얼 포트의 데이터를 읽는다.
   write( ); // ASCII 코드로 프린트한다.

※ print( )와 write( )의 차이는
Serial.print(48)을 하면, 시리얼 모니터는 48을 프린트한다.
Serial.write(48)을 하면, 시리얼 모니터는 0을 프린트한다.
write( )을 사용하면 ASCII 코드 48번인 0을 프린트한 것이다.
ASCII 코드는 국제간 통신을 위하여 영어, 숫자, 기호에 번호를 부여한 것이다. 총 127개 있음.

3 기본 33단어와 기호 및 수학 함수 정리

자주 사용하는 기본 단어와 몇 개의 기호 및 수학 함수를 아래 표에 정리해 놓았다.
아래 표에 있는 모든 기호를 지금 단계에서 다 이해할 필요는 없다. 실전 프로젝트를 진행하면서, 단계적으로 설명하도록 하겠다.

스케치 기본 단어와 기호 요약

기본구조	void setup( ) void loop( )	조건문	if if else for while do while
기호	{ } , ; // , /* */	시리얼 모니터	serial.begin serial.println
핀명령	pinMode(pin 번호, OUTPUT/INPUT) digitalWrite(pin 번호, HIGH/LOW) digitalRead(pin 번호) analogWrite(pin 번호, 0~255 사이값) analogRead(pin 번호)	문법 (Syntax)	#include #define
숫자정의	int float long array[ ]	줄임수식 기호	X++ // X=X+1 X-- // X=X-1 X+=Y // X=X+Y X-=Y // X=X-Y X*=Y // X=X*Y X/=Y // X=X/Y
시간	delay(1/1000초) millis( )		

연산자	X==Y // X와 Y가 같으면 참(True)
	X!=Y // X와 Y가 다르면 참(True)
	A && B // A조건 B조건 동시 만족하면 참(True)
	A || B // A또는 B한 조건만 만족하면 참(True)
	!X // X가 아니면 참(True)
		수학
		함수
			min(X , Y) // 두 값 중 작은 값 찾기
			max(X , Y) // 두 값 중 큰 값 찾기
			sin( ), cos( ), tan( ) // 삼각함수
			pow(X , Y), exponent( ), sqrt( )
			random( ) // 난수 생성

4 프로그램이 무한 loop를 하지 않도록 하는 3가지 방법 소개

스케치에서 loop는 기본 구조 단어이기 때문에 필수적으로 사용해야 한다. 때문에 아두이노는 정지하지 않고 계속 loop 안에서 반복을 거듭하게 된다. 인위적으로 하드웨어 파워라인을 뽑아야 정지시킬 수 있다. 여기에서는 스케치 언어로 프로그램을 중단시키는 방법을 소개한다.

첫 번째 방법은 while( ) 명령을 사용하는 것이다.

while( )은 괄호 ( ) 안에 있는 내용이 참이면 무한하게 진행하고, 참이 아닌 거짓일 때 정지한다. 예제 프로그램을 만들어 보자.

```
// stop using while
void setup( ) {
Serial.begin(9600) ;
}
void loop( ) {
char  count = 5 ;
while( count) {
          digitalWrite(13, HIGH) ;
          delay(1000) ;
          digitalWrite(13, LOW) ;
          delay(1000) ;
Serial.print ( "count =  " ) ;
Serial.println ( count , DEC) ;
          count = count -1 ;
 }
 while(1) ;
}
```

컴파일하고, 업로드한다. 시리얼 모니터를 오픈하면 오른쪽과 같은 결과가 나온다.

count가 0이 되었을 때 while(1)을 만나면 거짓이 되므로 프로그램이 종료된다. (count , DEC)는 기호가 아닌 10진수로 프린트하라는 명령이다.

두 번째 방법은 다시 while을 사용하는데 char을 loop 밖에서 정의하는 것이다.

만든 예제를 먼저 보자.

```
// stop using while_2
void setup( ) {
Serial.begin(9600) ;
}
char  count = 5 ; // New location

void loop( ) {
while( count) {
          digitalWrite(13, HIGH) ;
          delay(1000) ;
          digitalWrite(13, LOW) ;
          delay(1000) ;
Serial.print ( "count =  " ) ;
Serial.println ( count , DEC) ;
          count = count -1 ;
 }
 }
```

첫 번째 예제와 같은 결과가 나온다. 여기에서는 char 위치가 바뀌었고, 끝 부분에 있던 while(1) 명령문이 없다. count 숫자가 매번 loop를 돌 때마다 감소하며, while(0)은 거짓이므로 프로그램을 종료시키는 것이다.

세 번째 방법은 for를 사용하는 것이다.

for(int i = 1 ; i 〈 5 ; i++)가 하는 명령은 i는 int이며, 1에서부터 5미만까지 반복시키는데 매번 i++ 만큼 하라는 것이다. i++는 줄임 수식 기호이며 i=i+1과 같은 뜻이다.

```
// stop using for(; ;);
void setup( ) {
Serial.begin(9600) ;
}

void loop( ) {

for( int i = 1 ; i <= 5 ; i++ ) {
digitalWrite(13, HIGH) ;
delay(1000) ;
digitalWrite(13, LOW) ;
delay(1000) ;

Serial.print ( "i =  ") ;
Serial.println (i) ;

}
for( ; ; ) ;
}
```

for(; ;) ; 명령에서 괄호 안에 아무 것도 없으므로 프로그램이 종료된다.

위에 설명한 세 가지 방법 이외에도 while …………break를 사용하는 방법 등을 사용할 수 있다.

5 char, byte, Int, long, unsigned long, float 설명

데이터 타입 char는 character(글자, 부호)의 줄임 단어로 1바이트의 메모리 용량을 사용한다. 1바이트는 8비트, 최대 나타낼 수 있는 수는 $2^8 = 256$이다, 컴퓨터에서 시작은 0부터이므로 표현 가능한 숫자는 0~255 또는 -128~127이다. 알파벳 하나를 정의하고 싶으면 작은따옴표를 사용한다. 예를 들면 'A' 처럼. 그러나 둘 이상의 단어를 정의할 때는 큰따옴표를 사용하여야 한다, "ABC" 처럼. char로 숫자를 정의할 수도 있다. char은 ASCII 코드의 숫자임을 혼동하지 말아야 한다.

char ch1 = 65 ;을 하고, serial.print(ch1)을 하면 65가 아닌 A를 프린트 한다. 65라는 숫자를 인쇄하려면, Serial.print(ch1, DEC)를 사용해야 한다.

byte는 8비트 사용. $2^8-1=255$까지 사용 가능.
Int는 2byte 사용. $2^{16}=65,535$까지 사용 가능.
long은 4byte 사용. -2,147,483,648~2,147,483,647
unsigned long은 음수 사용하지 않는 4byte.
float는 4byte 소수 사용.

6 고정값인 상수 선언 const와 #define

상수(const)는 변수인 int 등과 달리, 스케치에서 한번 정의하면 다른 값을 가질 수 없다.
예로 const i = 0 ;이라고 정의하고, for (i = 1 , i 〈 5 , i++) 문장을 사용하면 에러가 나온다.
#define 사용법의 예는 #define val 10과 같이 상수 명칭 그리고 값을 적어 넣는다. 단 const를 사용할 때와 달리 =과 끝에 세미콜론을 사용하지 않는다. 변수는 칩에서 메모리를 차지하지만, 상수는 자리를 차지하지 않아 스케치의 메모리 양을 줄이는데 유리하다.

7   #include는 수많은 라이브러리를 불러서 사용할 수 있도록 해준다.

프로그램 스케치를 할 때 필요한 라이브러리를 불러서 사용하면 많은 노력을 줄일 수 있다. 예를 들면 아래 첫 번째는 수학 함수, 공식들이 들어 있고 두 번째는 서보 모터를 사용할 때 라이브러리이다.

#include 〈math.h〉

#include 〈Servo.h〉

8   시리얼 프린트 설명

시리얼 프린트 조건

Serial.println(값, BIN); // 값을 2진수로
Serial.println(값, OCT); // 값을 8진수로
Serial.println(값, DEC); // 값을 10진수로
Serial.println(값, HEX); // 값을 16진수로
Serial.println(값, 0); // 소수 표시 안 함
Serial.println(값, 2); // 소수 2자리 표시

9   boolean 함수 설명

boolean은 참인지 거짓인지를 판단하라는 명령이다. 참이면 true, HIGH, 또는 1을 나타내며 거짓 이면 false, LOW, 또는 0을 나타내는 것이다.

아래 스케치 예제를 보면 setup( )에서 boolean b1 = 0라고 정의했다.

그리고 if(b1 == false)라는 문장이 나오는데, ==는 =와 다르다는 것을 다시 상기해야 한다.

=는 컴퓨터 언어에서 약속하기를 수학에서 배운 왼쪽과 오른쪽이 같다는 의미보다 오른쪽에 있는 것을 왼쪽으로 옮기라는 뜻이다. 즉 A=19라고 하면 19라는 숫자를 A에 옮겨 놓으라는 명령이다.

==는 비교연산자라고 부르며 왼쪽과 오른쪽이 같은가? 하고 질문하는 것이다. 같으면 참인 1(또는 true, HIGH)이 되고, 다르면 거짓인 0 또는 false, LOW가 된다. Boolean에서 1, true,

HIGH는 같은 뜻이다. 0 false, LOW도 같다.

b1 == false는 b1이 0인가 하는 질문과 같은 것이다. 같기 때문에 바로 밑에 있는 0 equal LOW를 모니터에 프린트한 것이다.

```
// boolean exercise

void setup() {

  Serial.begin(9600);
  boolean b1 = 0 ;
  boolean b2 = true;
  boolean b3 = HIGH;

  if(b1 == false) {
    Serial.println("0 equal LOW");
  }
  if(b2 == HIGH){
    Serial.println("true equal HIGH ");
  }
  if(b3 == 1){
    Serial.println("HIGH equal 1");
  }
}

void loop() {
}
```

ARDUINO

제2부

아날로그로 컨트롤하기

1. 가변저항 사용 LED 밝기 컨트롤
   - 저항 연결 리뷰
2. 광센서: CDS 포토 레지스터(Photoresistor)
3. 온도센서(LM35)
4. 적외선(IR) 라인 센서
5. 가속도 센서
6. 스피커 톤 조정하기
   ① 음계 컨트롤
   ② 음계 라이브러리 사용하기
   ③ 터치센서에 tone 함수를 사용 간단한 키보드 만들기

아날로그 세계

아날로그 신호와 디지털 신호

아래 그래프를 보자. 아날로그는 연속적이고 자유분방하지만 디지털은 ON과 OFF의 반복인 것을 알 수 있다. 아날로그에는 마이너스 볼트가 있지만, 디지털은 5 Volt 아니면 0 Volt 둘 중 하나이다. 디지털에서 5 volt이면 HIGH 또는 숫자 1이라고 표시하고, 0 volt이면 LOW 또는 숫자 0이라고 표시한다.

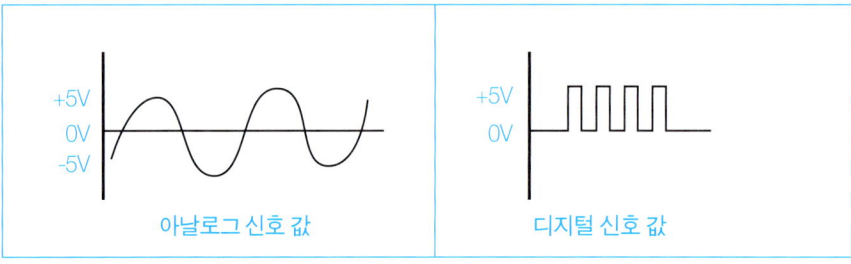

아날로그 신호 값 / 디지털 신호 값

센서는 빛 센서, 온도 센서, 압력 센서를 비롯하여 센싱 목적에 따라 많은 종류가 있다. 센서의 종류가 아무리 많다고 해도 센싱되어 나오는 결과는 대부분 아날로그 전기값이다. 즉 전압이 발생하든지, 저항이 변하거나, 전류가 나오든지 하는 것이다. 어떤 형태의 전기값 이어도 우리는 V=IR 이라는 관계식을 사용하여 센싱되는 값을 아두이노에서 쉽게 해석할 수 있다. 센서에 따라 아날로그 신호 값 크기가 매우 적은 경우가 많다(수 mV 이하의 값). 신호 값이 크지 않기 때문에 주위의 노이즈에 큰 영향을 받아 정확성이 떨어지는 경우가 발생한다. 정확성을 높이기 위하여 센싱된 값을 디지털로 변환시킨 후 출력 값을 내보내는 센서들이 있다. 디지털 신호인 경우는 값을 5V와 0V의 조합된 숫자(정확히 표현하면 1과 0)로만 값을 내보내기 때문에 주위의 노이즈에 영향을 받지 않는다. 적은 아날로그 신호를 크게 하여 노이즈 영향을 적게 하는 센서 모듈도 있다. 출력 신호가 아날로그인지, 디지털인지 파악한 후 스케치 작업과 하드웨어 연결 작업을 해야 한다.

센서의 종류(예시)

빛	진동	GPS	자기장	소리
온도	무게	터치센서	압력	길이
동작	가속도	습도	전기장	초음파

1 가변저항 사용 LED 밝기 컨트롤

가변저항을 사용하면 전압(V)을 변화시킬 수 있다. 음향기기 볼륨을 비롯하여, 전기 전자기기의 강약 단계를 조절하는 다양한 종류의 생활용품에 사용되고 있다. 작동원리를 보면 아래 그림 (a)에서 두 개의 다리가 나란히 있는 부분, A와 C가 전체 저항이다. B는 A와 C사이를 움직이는 중간 접점이다. 전체 저항이 10KΩ일 때, B를 우측으로 이동시켜 A-B 사이가 2KΩ이 되면 B-C 사이는 8KΩ이 된다.

저항값을 변화시키면 각 저항에 걸리는 전압이 달라진다. 아래 그림 (b)에 나타낸 것과 같이 B의 위치를 변경시키면 A-B 사이와 B-C 사이의 전압이 바뀐다. A-B 사이에 저항이 2KΩ이 되면 전압은 1V가 되고, 8KΩ이 되면 4V가 된다. 판매되는 가변 저항에는 1KΩ, 5KΩ, 10KΩ, 1MΩ 등 다양한 용량과 형태의 제품들이 있다.

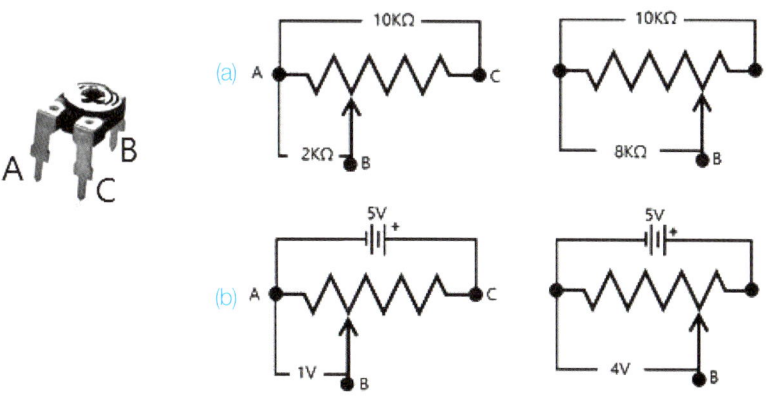

준비물
- 우노 보드, 브레드 보드 각 1개
- LED, 220 옴 저항, 10K 옴 가변 저항 각 1개

가변저항으로 아두이노 아날로그 핀에 입력되는 전압을 변화시키면서, 디지털 핀에 연결된 LED의 밝기를 컨트롤 하자.

스케치

아날로그 입력을 A0 핀으로 하고, 그 값을 시리얼 모니터에서 보면서 11번 핀에 연결된 LED 밝기를 PWM으로 조정하는 스케치를 작성해 보자.

```
// Potentiometer and PWM LED control
int potentiometerPin = A0;
int ledPin = 11;
int potentiometerVal = 0;
void setup()
{
Serial.begin(9600); // setup serial communication
}
void loop()
{
potentiometerVal = analogRead(potentiometerPin);

int mappedVal = map(potentiometerVal,0,1023,0,255);
Serial.print(potentiometerVal);
Serial.print(" - ");
Serial.println(mappedVal);
analogWrite(ledPin,mappedVal);
delay(10);
}
```

스케치 분석

- **Serial.begin(9600);** // 시리얼 모니터를 시작하고 속도는 9600이다.
- **potentiometerVal = analogRead(potentiometerPin);** A0 핀에서 아날로그 값을 읽고 potentiometerVal에 저장하라는 명령.
- **int mappedVal = map(potentiometerVal,0,1023,0,255);** map( )은 값의 구간을 다시 지정하는 함수이다. potentiometerVal은 아날로그 핀에서 입력되는 값이다.
  아날로그 입력 핀은 10비트를 사용한다. 즉 $2^{10}=1024$까지 담을 수 있다. 디지털 세계에서는 숫자를 1부터가 아닌 0부터 시작하므로 potentiometerVal에 입력 가능 값은 0~1023이 된다. 아날로그 핀과 달리 디지털 핀은 8비트를 사용한다. 디지털 핀이 사용할 수 있는 값은 $2^{8}=256$개 즉 0~255이다.
- **analogWrite(ledPin,mappedVal);** 11번 디지털 핀으로 PWM을 내보내는 명령이다.

map은 지도라는 뜻이다. 지도를 종이에 그릴 때 실제 크기를 축소해서 그린다. 그러나 여기에서 쓰이는 map 함수는 축소뿐만 아니라 확대도 가능하고, 시작과 끝 지점을 정할 수 있다.

map( ) 함수는 아래 그림으로 표시한 것과 같이 입력되는 X값의 최소와 최대값을 지정할 수 있고(여기에서는 0과 1023), 출력되는 Y값의 최소와 최대값을 지정할 수 있다(여기에서는 0과 255).

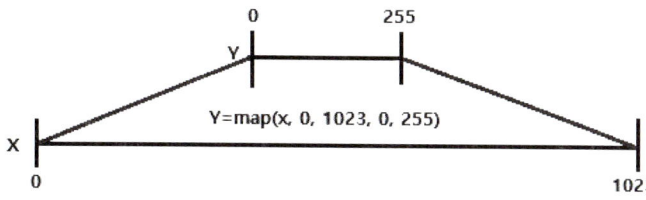

하드웨어 연결

가변 저항 양쪽 끝을 +5V와 GND에 연결하고 중간 점은 A0에 연결한다.

스케치를 컴파일하고, 업로드하자. 시리얼 모니터를 오픈하면 A0 아날로그 핀에서 받는 전압값이 프린트되고, 이어서 map 함수에 재조정된 값이 프린트되는 것을 볼 수 있다.

가변 저항을 변화시키면 모니터에 프린트 되는 값이 변하고 동시에 LED 밝기가 변화하는 것을 확인할 수 있다.

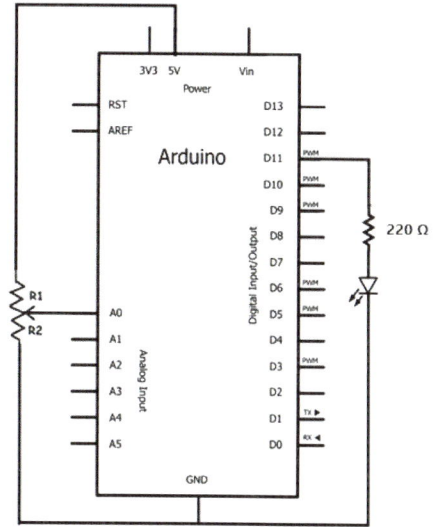

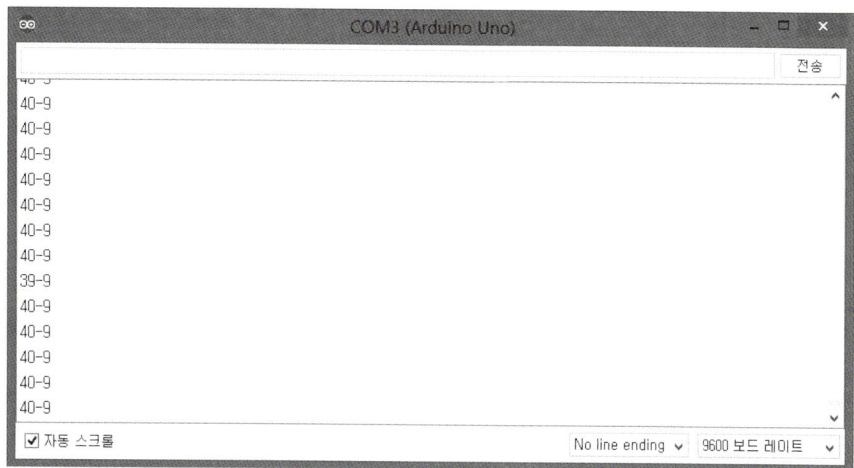

저항 연결 리뷰

가변저항은 저항을 직렬로 연결한 것과 같다. 과학시간에 배우는 전압(V), 전류(I)와 저항(R)의 관계식을 다시 보기로 하자. 전기 에너지를 흐르는 물과 같다고 생각해 보자. 저항은 흐르는 물의 양을 조절하는 수도꼭지와 같은 역할을 한다. 아래 직렬 저항 연결 회로에서처럼 수도꼭지 R1을 지나는 물의 양이나 R2를 지나는 물의 양은 같을 수밖에 없다. 물의 양은 전류와 같다. 즉 Ⅰ = Ⅰ1 = Ⅰ2이다. 수도꼭지를 얼마나 열었는가? 즉 저항이 얼마인가에 따라 수압은 각 수도꼭지마다 다르다. 전체 수압은 각 꼭지에서의 수압을 합한 값과 같다. 수압은 전압과 같다. 즉 V = V1+V2이다. 전체에 흐르는 물의 양(전하)은 같다.

1 직렬 저항 연결일 경우

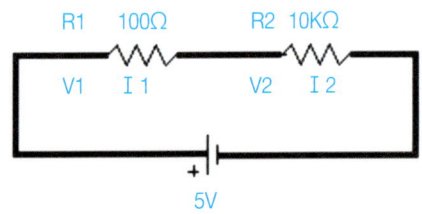

직렬에서 V=V1+V2이며, Ⅰ = Ⅰ1 = Ⅰ2이다.
V= ⅠR에서 Ⅰ =V/(R1+R2) =5/(10100)=0.0005A
V1= ⅠR1=0.0005×100=0.05V
V2= ⅠR2=0.0005×10000=4.95V

R1에서 사용되는 전력 P1=V1Ⅰ =0.05×0.0005=0.000025W(와트),
R2에서 사용되는 전력 P2=V2Ⅰ =4.95×0.0005=0.0025W가 된다.

2 병렬 저항 연결일 경우

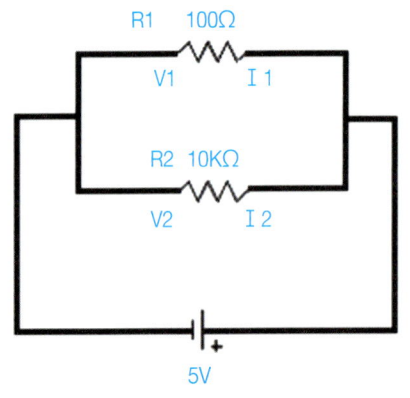

병렬연결인 경우는 R1과 R2를 통해서 흐르는 수량이 다르다. 즉 전류 값이 다르다.

그러나 R1과 R2에 걸리는 수압은 전체 시스템의 수압과 같다.

병렬 저항 연결에서는 Ⅰ = Ⅰ1 + Ⅰ2이며 V = V1 = V2이므로

V = ⅠR에서 Ⅰ1 = V1/R1 , Ⅰ2 = V2/R2
Ⅰ1 = V/R1 = 5/100 = 0.05 A

Ⅰ2 = V/R2 =5/10000=0.0005A이다.

R1에서 사용되는 전력, P1=VⅠ1=5×0.05=0.25W

R2에서 사용되는 전력, P2=VⅠ2=5×0.0005=0.0025W

광센서: CDS 포토 레지스터(Photoresistor)

CDS 광센서

포토 레지스터(광센서)는 빛의 양에 따라 저항이 변하는 센서이다. 광센서 중 하나인 CDS 조도 센서는 빛의 양이 많아지면 저항이 감소하는 특성을 가지고 있다. 이번 프로젝트는 포토 레지스터에 비추어지는 빛의 양에 따라 LED 밝기를 변화하게 하는 것이다.

준비물		
	■ 아두이노 우노 1개	■ CDS 포토 레지스터 1개
	■ LED 1개	■ 저항 220Ω 1개, 10KΩ 1개
	■ 점퍼 케이블	■ 브레드보드 1개

 ## 스케치

아날로그 A0번 핀에 CDS 센서를 연결하고, LED는 디지털 9번 핀에 연결한다. LED를 보호하기 위하여 9번 핀에 220Ω 저항을 사용한다.

```
// CDS Photo Sensor

int cds = A0 ;
int ledPin = 9 ;
int val = 0 ;
void setup( )
{
  Serial.begin(9600);
  pinMode( ledPin , OUTPUT ) ;
}
void loop()
{

  val=analogRead(cds);   //connect CDS sensor to Analog A0
  Serial.println(val,DEC);//print the value to serial
  analogWrite( ledPin , val/4 ) ;  // to make max less than 255
    delay(100);
}
```

스케치 분석

■ **analogRead( );** // 괄호 ( ) 안에 있는 핀 번호에서 아날로그 값을 읽으라는 명령. analogRead( );는 pinMode를 정의하지 않아도 된다. ananlog에는 입력만 있기 때문이다.

■ **analogWrite(ledPin, val/4);** val을 4로 나눈 이유는 아날로그 입력 핀은 10 비트이다. 즉 val 값은 2^10-1=1023까지 될 수 있다. 그러나 analogWrite로 사용하고 있는 디지털 핀은 8 비트이다. 즉 2^8-1=255까지만 사용할 수 있다. 따라서 1023을 4로 나누어 준다.

하드웨어 연결

연결을 아래 표로 만들었다.

부품	아두이노
CDS 광센서	5V와 A0 사이에 연결
10KΩ 저항	A0와 GND 사이에 연결
220Ω 저항	핀 9와 LED 사이에 연결
LED - 리드	GND에 연결

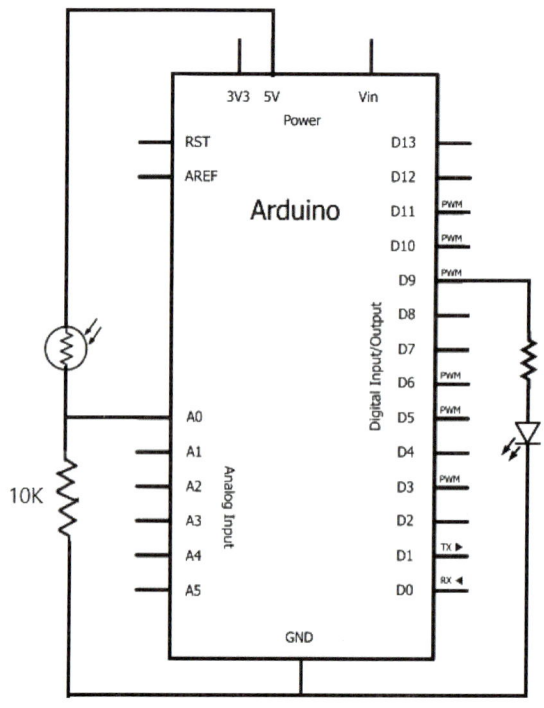

스케치를 컴파일하고, 업로드한 다음 시리얼 모니터를 오픈하면 오른쪽과 같이 프린트되는 조도값을 볼 수 있다. 센서를 종이나 손으로 빛을 가리면 숫자도 적어 들고 LED 빛도 줄어드는 것을 볼 수 있다. CDS 센서는 작동이 간단하고 가격이 저렴한 반면 온도에 영향을 받아서 정밀도는 떨어진다. 따라서 정밀한 조도 측정이 요구될 때는 다른 센서를 사용해야 한다.

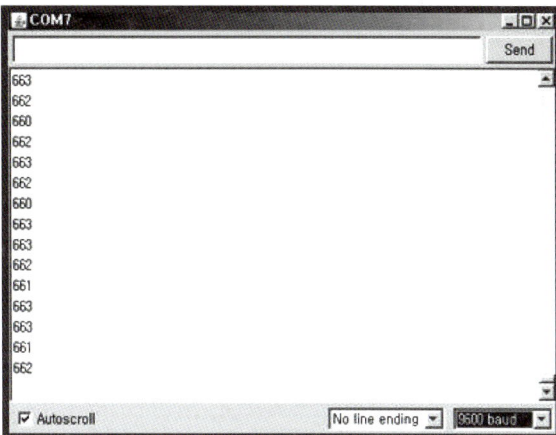

온도센서(LM35)

이번 프로젝트는 LM35 아날로그 온도센서에서 나오는 값을 시리얼 모니터에서 관찰하는 것이다. 아날로그 센서를 아두이노의 아날로그 핀에 연결하는 학습을 하는 프로젝트이다.

준비물
- 아두이노 우노 1개
- LM35 온도센서 1개
- 점퍼 케이블
- 브레드보드 1개

스케치

스케치는 앞에 있는 광센서 스케치와 유사하다.

```
// LM35 Analog linear Temp Sensor
void setup()
{
    Serial.begin(9600);//Set Baud Rate to 9600 bps
}

void loop()
{
   int val;
   int dat;
   val=analogRead(0);//Connect LM35 on Analog 0
   dat=(500 * val) /1024;
   Serial.print("Temp:"); //Display the temperature on Serial monitor
   Serial.print(dat);
   Serial.println("C");
   delay(500);
}
```

스케치 분석

■ **dat=(500*val) /1024;** 센서 제작회사에서 제공하는 온도 환산 값이다.

하드웨어 연결

LM35	아두이노
Vcc	5V
Gnd	GND
S	A0

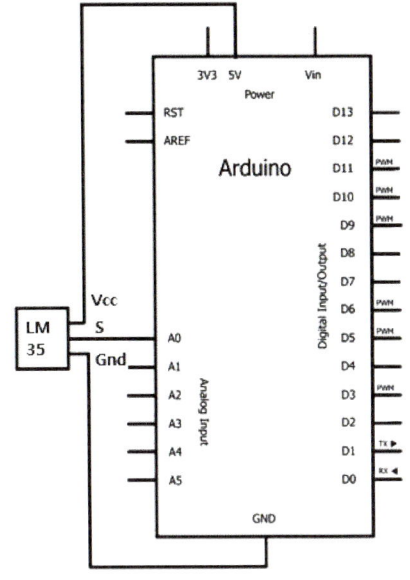

스케치를 컴파일하고, 업로드하자. 시리얼 모니터를 오픈하면 아래와 같이 온도가 프린트된다.

온도 센서에는 여러 종류가 있다. 서미스터는 금속산화물을 이용해서 만든 것인데 온도에 따라 저항값이 변하는 센서이다. 가격이 저렴하고 소형이어서 많이 사용되고 있으나 직진성과 감도가 높지 않은 단점도 있다. NTC, PTC로 표시되는 온도센서가 서미스터이다. 두 번째 타입의 온도 센서는 열전대(Thermocouple)이다. 두 종류의 다른 금속을 접합하면 온도에 따라 기전력이 발생한다. 주로 높은 온도를 측정하는데 사용되고 있다. 세 번째는 반도체 특성을 활용한 IC 온도 센서이다. 온도에 따라 P-N 접합부에 전류차가 생기는 것을 이용한 것이다.

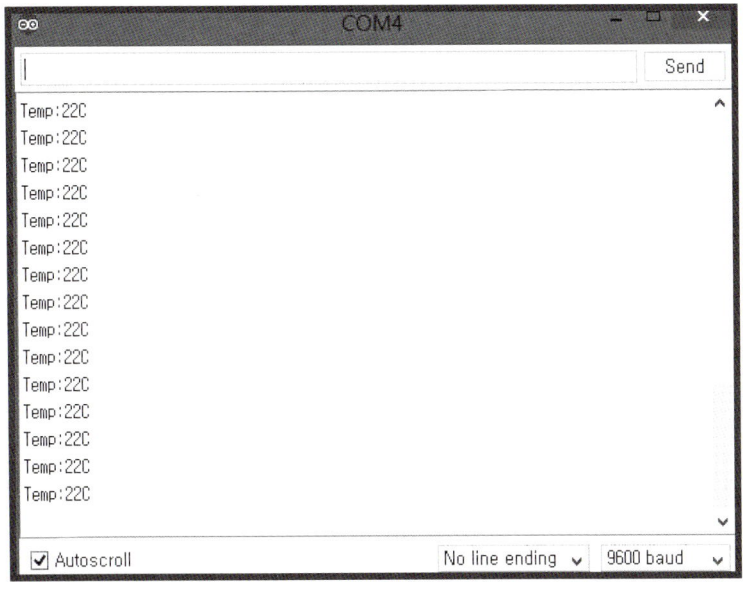

적외선(IR) 라인 센서

IR 라인 센서는 로봇이나 자동차가 바닥에 그려진 선을 따라 이동하게 할 때 사용되는 센서이다. IR(적외선)을 방출하는 LED와 IR에 민감하게 작동하는 포토 레지스터(photo-resistor)로 이루어져 있다. 동작원리는 LED에서 방출되는 적외선(IR)이 바닥 표면에서 반사되면 이를 포토 레지스터에서 감지하는 것이다. 적외선 반사가 클수록 센서 출력이 커진다. 가격도 저렴하고 스케치도 매우 간단하여 응용할 가치가 있어 여기에 소개한다.

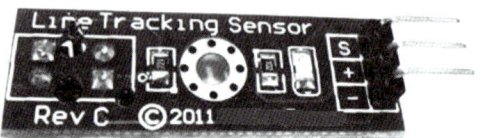

준비물
- 아두이노 우노 1개, 브레드 보드 각 1개
- IR 라인 센서 1개
- 점퍼 케이블

스케치

IR 라인센서 출력이 아날로그 값 V이므로 핀 A0에 연결한다. 입력된 값을 시리얼 모니터에 프린트한다. 물론 로봇 자동차 제작 프로젝트를 했으면 직접 바닥에 있는 검은색 라인을 따라 가는 테스트를 하면 좋겠지만, 아직은 모터 구동을 다루지 않아서 여기에서는 센서 데이터를 읽는 스케치를 소개했다.

```
// IR Line Sensor
int out;
void setup()
{
Serial.begin(9600);
}
void loop()
{
out = analogRead(0); // read analog input pin 0
Serial.println(out, DEC); // print sensor value
delay(100);
}
```

스케치 분석

■ 시리얼프린트에서 DEC는 10진수로 프린트하라는 것.

하드웨어 연결

IR 라인 센서	아두이노
+	5V
S	A0
-	GND

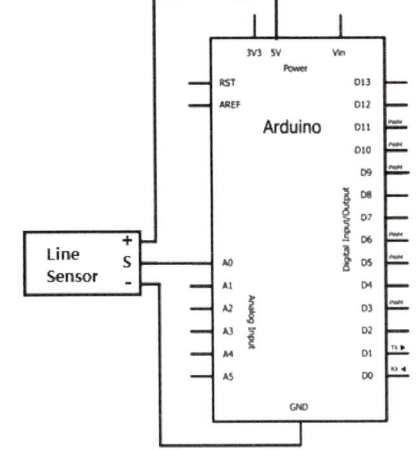

라인센서를 움직이는 동작이 필요하므로 케이블을 약간 길게 하는 것이 좋다. 책상이나 바닥에 반사가 잘 되는 물건과 잘 안되는 물건을 놓는다.

스케치를 컴파일하고 업로드 한다. 시리얼 모니터를 오픈하면 아래와 같이 센서 값이 프린트되는 것을 볼 수 있다. 아래 왼쪽은 라인을 이탈했을 때 나오는 값들이고, 아래 우측은 라인을 따라 이동할 때 프린트되는 값이다. 서로 값 차이가 커서 쉽게 라인 이탈 여부를 파악할 수 있다.

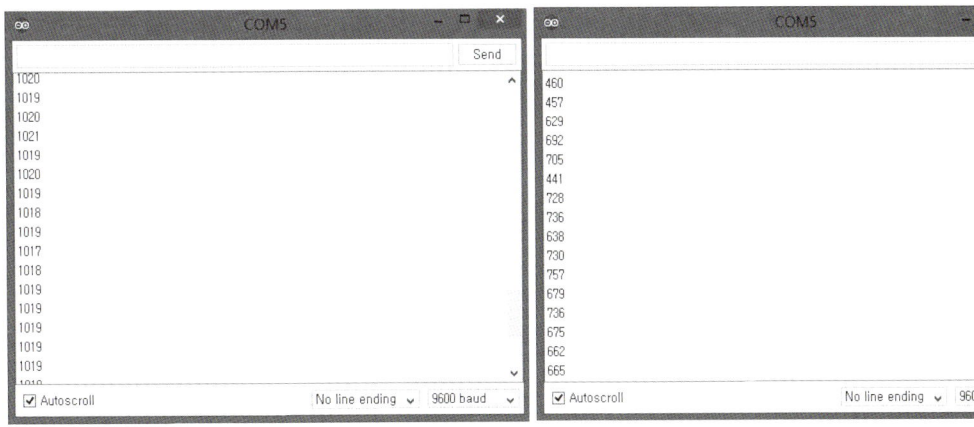

가속도 센서

가속도 센서는 자동차의 에어백과 블랙박스 등에 사용하는 속도가 급격하게 변화하는 것을 감지하는 센서이다. 또 GPS와 같이 사용하여 헬리콥터나 쿼드롭터의 자세 조정 등 운동하는 물체의 다양한 곳에 사용되고 있는 유용한 센서이므로 여기에 소개한다. 기본원리는 간단하다. 오른쪽 그림에 있는 것과 같이 무게 M에 스프링이 연결되어 있다. 물체를 왼쪽 또는 오른쪽으로 빨리 이동시키면 M이 좌측 또는 우측으로 일정 거리를 이동하게 된다. 물리 시간에 나왔던 공식 F=Ma에서 M이 움직인 정도를 측정하여 가속도 a를 알아내는 것이다. 본 프로젝트에서 사용한 가속도 센서는 X, Y, Z 3개 축의 가속도를 측정할 수 있고 출력은 아날로그 볼트로 나온다. 멤스(MEMS) 기술 즉 실리콘을 초미세 가공하여 센서로 만드는 기술이 발전하여 센서의 크기도 매우 작아졌고, 가격도 몇 천 원 정도이다. 주의할 점은 가속도 센서 작동 전압을 확인해야 한다. 3.3V로 작동하는 제품을 5V에 연결하면 센서가 고장 날 수 있다.

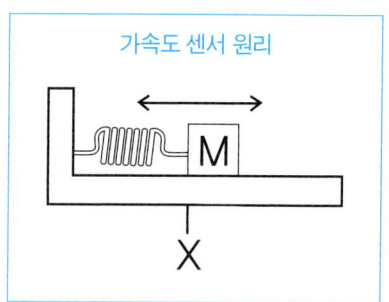

가속도 센서 원리

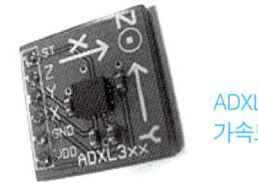

ADXL335B 가속도 센서

준비물
- 아두이노 우노 1개, 브레드 보드 각 1개
- 가속도 센서 1개
- 점퍼 케이블 5개

스케치

매우 간결한 스케치이다. X, Y, Z 축의 가속도 값은 아날로그 입력핀 A0, A1, A2으로 읽은 다음 시리얼 모니터에 프린트시키는 것이다.

```
// Accerometer ADXL335B
int x, y, z;
void setup()
{
```

```
Serial.begin(9600); //  serial port to 9600
}
void loop()
{
x = analogRead(A0); // read analog input pin 0
y = analogRead(A1); // read analog input pin 1
z = analogRead(A2); // read analog input pin 2
Serial.print("accelerations are x, y, z: ");
Serial.print(x, DEC); // print acceleration in the X axis
Serial.print(" "); // prints a space between the numbers
Serial.print(y, DEC); // print acceleration in the Y axis
Serial.print(" "); // prints a space between the numbers
Serial.println(z, DEC); // print acceleration in the Z axis
delay(100); // wait 100ms for next reading
}
```

스케치 분석

■ **Serial.print(x, DEC);**   DEC는 10진수로 프린트하라는 것이다.

하드웨어 연결

하드웨어 연결 시 작동전압을 반드시 확인해야 한다.

회로연결

가속도 센서	아두이노
VDD	3.3V
X	A0
Y	A1
Z	A2
GND	GND

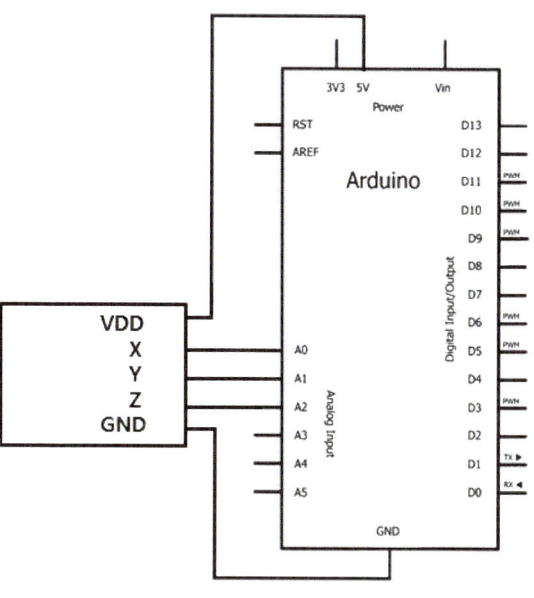

스케치를 컴파일하고, 업로드시킨다. 시리얼 모니터를 오픈한 다음 센서를 움직이면 다음과 같이 센싱된 전압이 프린트되어 나온다.

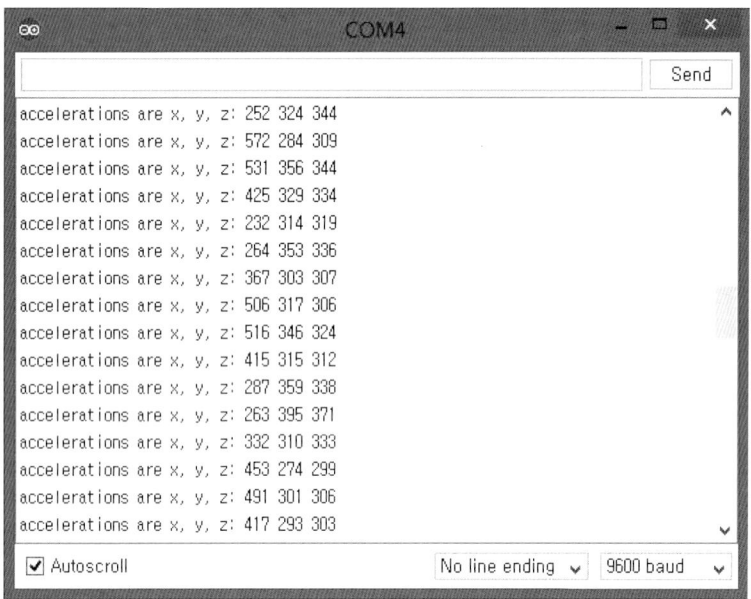

스피커 톤 조정하기

6-1 음계 컨트롤

아두이노를 사용하여 음악 연주를 할 수 있다. tone( )이라는 함수를 이용하는 것이다.

tone(핀 번호, 주파수)
tone(핀 번호, 주파수, 지속시간)

준비물
- 아두이노 우노 1개, 브레드 보드 1개
- 스피커 또는 피에조 부저
- 광 센서(저항 타입) 1개
- 4.7KΩ, 100Ω 저항 각 1개
- 점퍼선 6개

 ## 스케치

tone( ) 함수에 사용되는 첫 번째 파라미터는 사용하는 핀 번호이다. 두 번째 파라미터는 진동하는 주파수이며 Hz(헤르츠) 단위이다. 마지막은 옵션으로 지속시간이다. 1/1000초 단위 시간을 입력시키면 된다. 지속시간을 명시하지 않으면 계속 사운드가 발생하게 된다. 사운드를 종료시키려면 지속시간을 0으로 하거나, notone(핀)을 사용하면 된다. 아두이노 홈페이지에 있는 예제를 사용해 보자.

아날로그 입력 핀 A0 에서 광 센서 값을 읽고, 인간 가청 영역대의 주파수로 만들어 스피커에서 소리가 발생하도록 하는 스케치 이다.

```
// Pitch follower using the tone() function
// Plays a pitch that changes based on a changing analog input
// arduino.cc/en/Tutorial/Tone2
```

```
void setup() {
   Serial.begin(9600);
}

void loop() {
   int sensorReading = analogRead(A0);
   Serial.println(sensorReading);

  // map, 400 - 1000 from photoresistor to output pitch range (120 - 1500Hz)
int thisPitch = map(sensorReading, 400, 1000, 120, 1500);

  // play the pitch:
  tone(9, thisPitch, 10);
  delay(1);      // delay in between reads for stability
}
```

스케치 분석

- **sensorReading = analogRead(A0);** A0 핀으로 입력되는 광센서 값을 읽어 sensorReading이라는 이름으로 저장한다.

- **int thisPitch = map(sensorReading, 400, 1000, 120, 1500);** map( ) 함수는 아래 그림으로 표시한 것과 같이 입력되는 X의 최소와 최대값(여기에서는 400과 1000)을 지정하고 출력되는 최소와 최대값(여기에서는 120과 1500)을 지정할 수 있다. 이 문장은 sensorReading에 있는 400부터 1000 사이의 값을 120부터 1500 사이값으로 변환시켜 tihsPitch라는 이름으로 저장하라는 것이다.

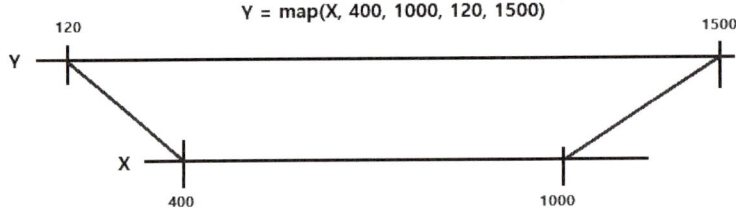

- **tone(9, thisPitch, 10)** 스케일 변환시킨 값을 tone( ) 함수의 주파수로 사용했다.
  또 tone 함수는 한 번에 하나의 핀에서만 사용할 수 있다. 여러 개의 스피커를 동시에 작동시키려면 추가 장치가 필요하다.

하드웨어 연결

스피커의 저항은 약 8Ω 이다. 핀을 보호하기 위하여 100Ω 저항을 사용했다.

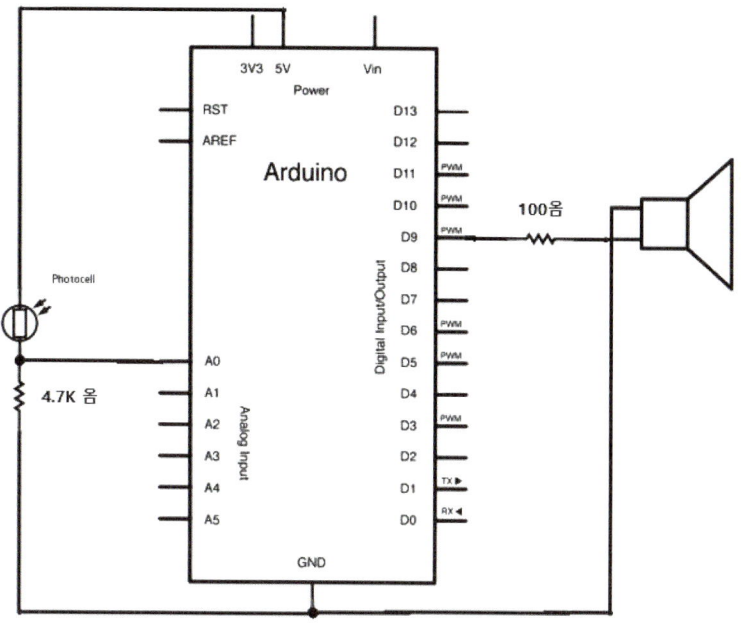

스케치를 컴파일하고, 업로드시키자. 업로드 완료 후 시리얼 모니터를 오픈하면 아래 왼쪽과 같은 숫자를 프린트하지만 스피커에서 소리는 발생하지 않는다. 광 센서 앞면을 물체로 가리면 아래 우측 같은 숫자가 프린트되면서 스피커에서 소리가 나온다.

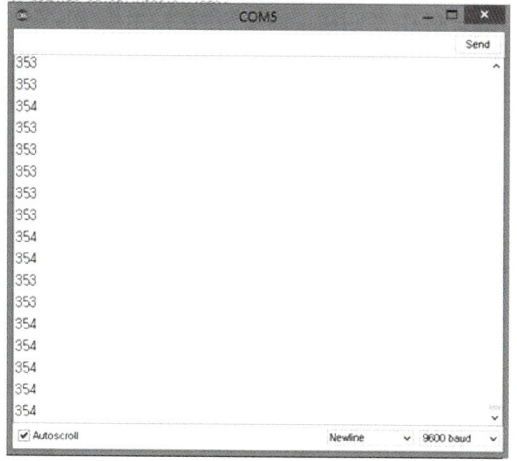
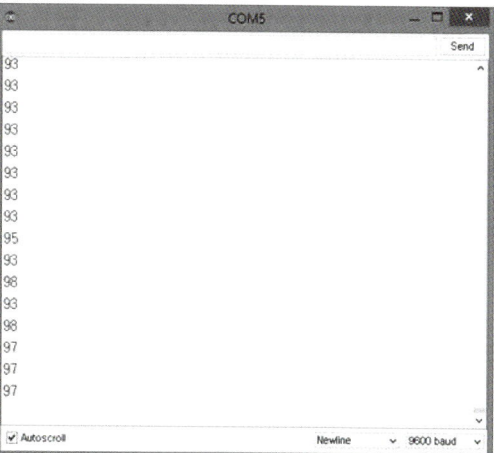

6-2 음계 라이브러리 〈pitches.h〉 사용하기

pitches.h 라이브러리를 사용하면 다음과 같이 이미 만들어진 음계를 활용할 수 있다. http://arduino-info.wikispaces.com/YourDuinoStarter_BeeperTone을 방문하면 pitches.ZIP 파일을 다운로드할 수 있다. 압축을 풀고 아두이노 libraries에 파일을 위치시킨다.

 스케치

```
// Melody : 8-ohm speaker on digital pin 9

 #include "pitches.h"

// notes in the melody:
int melody[ ] = {
  NOTE_C4, NOTE_G3,NOTE_G3, NOTE_A3, NOTE_G3,0, NOTE_B3, NOTE_C4};

// note durations: 4 = quarter note, 8 = eighth note, etc.:
int noteDurations[ ] = {
 4, 8, 8, 4,4,4,4,4 };

void setup() {
    // iterate over the notes of the melody:
 for (int thisNote = 0; thisNote < 8; thisNote++) {

  // to calculate the note duration, take one second
  // divided by the note type.
  //e.g. quarter note = 1000 / 4, eighth note = 1000/8, etc.
 int noteDuration = 1000/noteDurations[thisNote];
  tone(9, melody[thisNote],noteDuration);

    // to distinguish the notes, set a minimum time between them.
    // the note's duration + 30% seems to work well:
  int pauseBetweenNotes = noteDuration * 1.30;
  delay(pauseBetweenNotes);
    // stop the tone playing:
  noTone(9);
 }
}
```

```
void loop() {
  // no need to repeat the melody.
}
```

스케치 분석

- **#include "pitches.h"** 음계 라이브러리를 사용하기 위한 문장.
- **melody[ ]** [ ]는 배열을 사용하는 것이다. 배열은 수학에서 사용했던 것과 같은 내용이다. 배열 안에서 pitches에 저장된 tone 함수를 부르는 것이다.
- **noteDurations[ ]** 음표를 저장하고 있는 배열이다. 예: 4분음표, 8분음표

> X[2]]={5,9}이면 X 안에 2개의 저장 공간이 있고 첫 번째 칸에는 5가 놓여 있고, 두 번째 칸에는 9가 있다는 뜻이다. 여기에서 주의해야할 점은 부를 때는 0번째와 그다음 1번째로 불러야 한다는 것이다. X[0]=5이고, X[1]=9라는 것이다. 메모리에서 부를 때 항상 0부터 시작한다는 점을 주의해야 한다.

스케치는 loop( )에서 반복시키지 않고 한 번만 작동하도록 했다. 다시 듣고 싶으면 업로드를 해도 되고, 리셋 버튼을 눌러도 된다.

하드웨어 연결

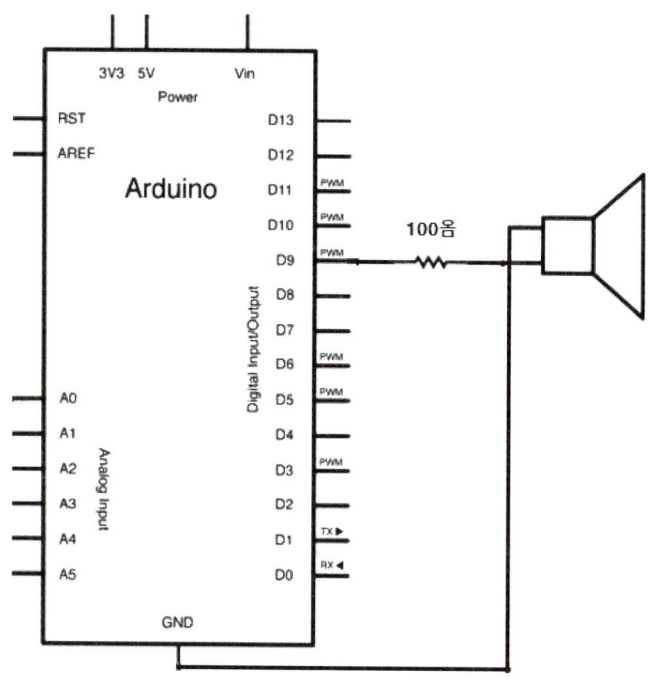

6-3 터치 센서에 tone 함수 사용 간단한 키보드 만들기

터치 센서는 여러 종류가 나와 있다. 프로젝트는 저렴한 터치 스위치를 사용하는 것으로 하였다.

준비물
- 아두이노 우노 1개, 브레드 보드 1개
- 스피커, 터치 센서 3개
- 100Ω 저항 1개 10KΩ 저항 3개
- 연결 와이어 다수

 ## 스케치

스케치는 앞에 설명한 프로젝트들과 같다. 단 아날로그 A0~A2까지 3개의 핀에 터치 센서가 연결되어 있다. 터치 센서 입력 핀에 10KΩ 저항이 연결되어 있다. 스피커는 디지털 8번 핀에 연결하였다.

```
// Keyboard ; tone( )

#include "pitches.h"

const int threshold = 10;    // minimum reading for note

// notes to play, corresponding to the 3 sensors:
int notes[] = { NOTE_A4, NOTE_B4,NOTE_C3 } ;

void setup() {
}

void loop() {
  for (int thisSensor = 0; thisSensor < 3; thisSensor++) {
    // get a sensor reading:
    int sensorReading = analogRead(thisSensor);

    // if the sensor is pressed hard enough:
    if (sensorReading > threshold) {
      // play the note corresponding to this sensor:
      tone(8, notes[thisSensor], 20);
    }
  }
}
```

■ 스케치는 앞에 있는 프로젝트와 거의 동일해서 여기에서는 설명을 생략하였다.

하드웨어 연결

NOTE_A4, NOTE_B4, NOTE_C3는 라이브러리 안에 있는 톤이며, note[0], note[1], note[2]에 저장하고 있다. 스케치를 컴파일하고 업로드하자. 터치 센터에 손을 갖다 대면 사운드가 나온다. 센서마다 다른 톤의 사운드가 나오는 것을 확인할 수 있다.

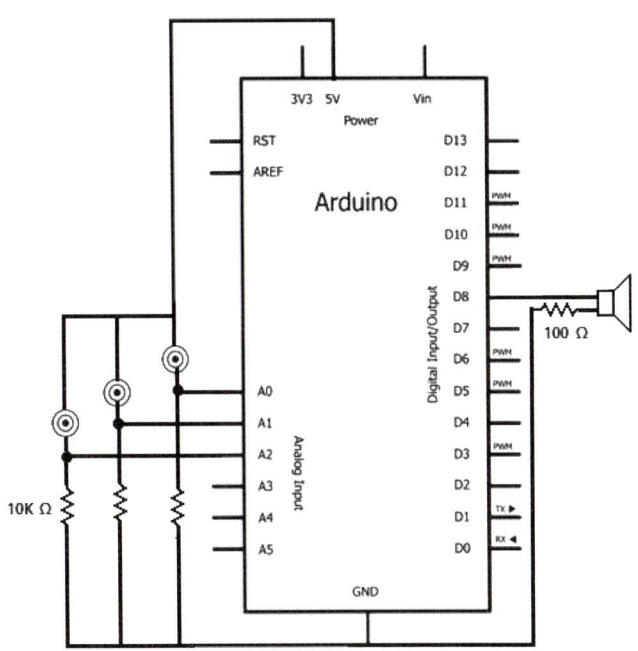

ARDUINO

제**3**부

유선통신 방법

- 시리얼 통신방법
- 소프트웨어시리얼(SoftwareSerial) 사용하기
- I2C 센서 사용하기
1. I2C 온도센서(TC74) 값 아두이노에서 받기
2. I2C 자이로(GYRO) 센서
3. 여러 개 I2C 센서 값 동시에 받기
   - SPI 센서 사용하기
4. SPI 사용 가변저항에 데이터 보내기

시리얼 통신 방법

아두이노에서 사용되는 유선 통신방법은 크게 4개 종류로 정리할 수 있다. 첫 번째는 이전 프로젝트에서 많이 사용한 시리얼 모니터를 통해 결과를 보는 UART 통신 방법이다. 두 번째는 소프트웨어를 사용하여 새로운 시리얼 포트 핀을 만들어 사용하는 SoftwareSerial 방법이며. 세 번째는 여러 개의 센서를 한 쌍의 라인에 동시에 연결하여 사용하는 I2C 방법, 네 번째는 I2C 방법의 단점인 속도를 향상시킨 SPI 방법이다. 각 방법에 대하여 간단히 요약한 다음, 실제 프로젝트를 통하여 다시 이해를 향상시키는 순서로 구성하였다. 이렇게 강조하는 이유는 아두이노를 사용하는 목적은 센서 및 기기와 데이터 또는 명령을 주고받는 것이다. 여기에 설명할 네 가지 방법만 이해하면 아두이노와 유선으로 연결된 어떠한 종류의 센서나 기기도 다 컨트롤할 수 있게 된다.

첫 번째 UART 시리얼 통신은 아두이노 스케치에서 가장 자주 사용하는 통신 방법이다. PC에서 아두이노 보드로 프로그램을 업로드시키고, 센서에서 검출하는 데이터를 시리얼 모니터에서 볼 수 있도록 해주는 UART(Universal Asynchronous Receive Transmitte) 즉 범용 비동기 송수신 방법이다. 비동기식이라도 데이터 던져 주는 시간과 받는 시간 타이밍은 같아야 데이터가 다른 곳으로 날아가는 것을 방지할 수 있다. 데이터를 보내는 타이밍, 즉 데이터 이송 속도는 baur rate(또는 bps: 1초간 비트 이송 속도)로 표시하며 Serial.begin(9600)에서 9600은 데이터 이송 속도인 bps이다.

시리얼 통신방법에서 보내는 선은 TX(Transmitter), 받는 선은 RX(Receiver) 즉 두 가닥의 선으로 통신한다. 보내거나 받는 하나의 목적만으로 사용할 경우 한 가닥 선으로 통신할 수 있다고 하여 한 가닥 통신 방법이라고 부르기도 한다. 두 기기가 서로 통신할 때 보내는 기기 TX는 받는 기기 RX에 즉 서로 반대 이름에 연결해야 한다. 아두이노 우노 보드는 디지털 0번 핀을 RX, 1번 핀을 TX로 사용하고 있다. 시리얼 통신을 할 때 아래 그림에 표시한 시리얼 통신 신호를 감지하는 LED가 깜빡거리는 것을 볼 수 있다.

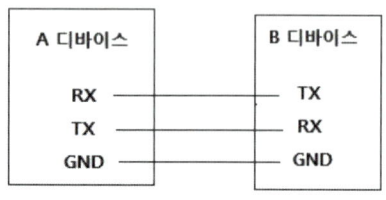

참고로 시리얼 통신 방법에는 비동기식(Asyncronous)과 동기식(Syncronous) 방법이 있다. 비동기식 방법은 시작 시간을 맞추지 않고 데이터가 시작된다는 것과 끝난다는 것을 알려 주면서 서로 통신하는 방법이다UART(Universal Asyncronous Receive and Transmit). 반면 동기식 방법은 서로 시각을 기준으로 데이터를 주고받는 것으로 USRT(Universal Syncronous Receive and Transmit) 방법이라고 부른다. 두 방식을 합하여 USART 시리얼 통신 방식이라고 칭한다.

우노는 시리얼 핀이 1세트밖에 없기 때문에 시리얼 통신을 사용하는 센서를 연결할 때 문제가 생긴다. 즉 1세트 시리얼 핀에 두 종류의 다른 시그널이 들어오면 어떤 명령을 수행해야 할지 분간할 수 없어 아두이노에 에러가 발생하게 된다. 이런 문제점을 소프트웨어적으로 해결하는 방법이 이어서 설명할 SoftwareSerial이다.

두 번째 방법인 SoftwareSerial은 하드웨어적으로 구성된 UART 시리얼 통신 이외에 추가 시리얼 통신이 필요한 경우 소프트웨어적으로 디지털 핀을 UART 핀으로 전환하여 사용할 수 있게 하는 방법이다. SoftwareSerial이라는 소프트웨어 라이브러리를 스케치 초반부에 정의해 주면 된다(#include <SoftwareSerial.h>). 요즘 많이 사용되고 있는 블루투스 칩을 비롯한 여러 종류의 기기들이 MCU와 연결되려면 UART 시리얼을 사용해야 한다. 아두이노 IDE에 SoftwareSerial 라이브러리와 예제가 기본으로 포함되어 있다.

세 번째는 I2C 통신 방법이다. I2C(I two C)는 Inter-Integrated Circuit의 약자로 시그널 핀 두 개로 1대 다수(1 : N) 통신까지 할 수 있는 방법이다. I2C라는 약자는 처음 개발자인 필립스에서 명명한 이름이다. 두 개의 와이어만으로 통신한다고 하여 TWI (Two Wire Interface)로 부르기도 하고, I square C, Inter IC Control이라고 부르기도 한다.

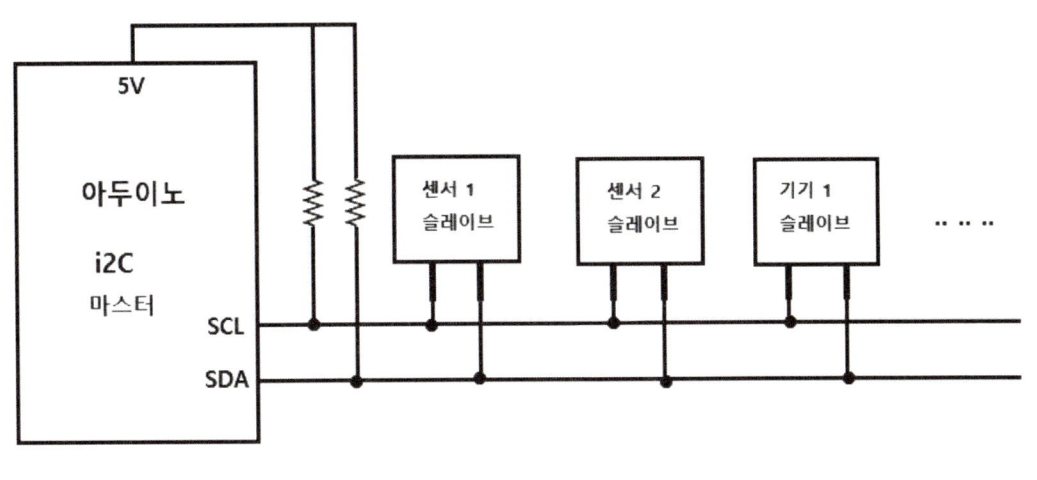

I2C 통신은 연결이 간단하다는 큰 장점이 있지만, 데이터를 한 번에 한 방향으로만 전송할 수 있기 때문에 속도가 느리다는 단점이 있다. 이를 보강하기 위하여 속도를 증가시키면서 여러 개의 기기와 동시에 통신할 방법을 강구하여 만든 것이 SPI 방식이다.

네 번째 방법인 SPI(Serial Perpheral Interface) 통신 방법은 양방향으로 동시 통신을 할 수 있게 하여 속도를 향상시켰다. 마스터에서 슬레이브로 명령 또는 데이터를 보낼 수 있고, 슬레이브에서도 마스터로 답변 또는 데이터를 보낼 수 있다. 동시 양방향 통신을 하기 위하여 4개의 선이 필요하다.

① MOSI(Master Out Slave In): 마스터에서 슬레이브로 명령 또는 데이터를 전송하는 핀
② MISO(Master In Slave Out): 슬레이브에서 마스터로 명령 또는 데이터를 전송하는 핀
③ SCK(Serial Clock): 마스터와 슬레이브 간에 시간을 동기화 시키기 위한 마스터의 클럭 핀
④ SS(Slave Select): 마스터가 통신할 슬레이브를 선택하는 핀

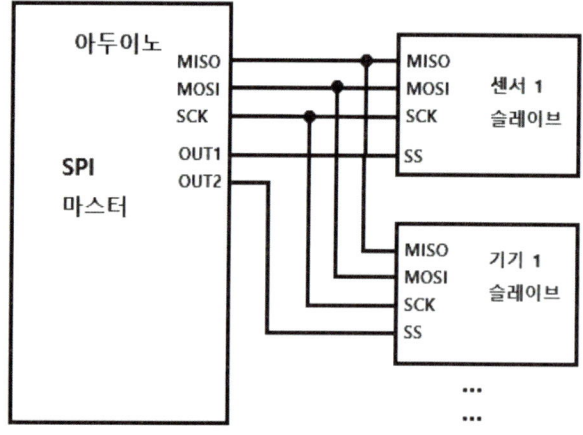

소프트웨어시리얼(SoftwareSerial) 사용하기

아두이노 우노에 UART 통신을 하는 블루투스, GPS 등과 같은 부품을 사용하려면 스케치를 업로드할 때 문제가 생긴다. UART 통신을 사용하는 부품을 우노의 RX와 TX 핀에서 떼어낸 다음 업로드하고 다시 부품을 연결해야 하는 불편을 감수해야 한다. 그러나 소프트웨어적으로 시리얼 통신 핀들을 만들어 사용한다면 부품을 해체한 후 다시 연결하는 작업을 하지 않아도 된다. 방법은 SoftwareSerial이라는 라이브러리를 사용하면 된다. IDE에 기본으로 장착되어 있어 다른 곳에서 다운로드 받을 필요도 없다.

사용방법은
① 스케치에서 #include <SoftwareSerial>을 사용한다고 불러주고
② SoftwareSerial mySerial(10,11)과 같이 사용할 함수 이름을 작명해 주고 그 안에 파라미터로 RX 핀과 TX 핀으로 사용할 핀 번호만 지정해 주면 된다.
③ setup( ) 안에서 작명한 이름으로 시작하라는 mySerial.begin(4800)을 사용하면 된다. 사용하는 부품에 따라 통신속도(bps)는 4800일 수도 있고 9600일 때도 있다.

아래 예제는 Hello, world? 라는 문장을 소프트웨어시리얼 핀(10번과 11번)을 통해 보내는 테스트 스케치이다. 본격적인 소프트웨어 시리얼 활용은 2권 유선 통신에 있는 GPS, RFID 프로젝트에서 만날 수 있다.

```
#include <SoftwareSerial.h>

 SoftwareSerial mySerial(10, 11); // RX, TX

void setup()
{
   // Open serial communications and wait for port to open:
   Serial.begin(57600);
   while (!Serial) {
     ; // wait for serial port to connect. Needed for Leonardo only
   }
```

```
    Serial.println("Goodnight moon!");

    // set the data rate for the SoftwareSerial port
    mySerial.begin(4800);
    mySerial.println("Hello, world?");
}

void loop() // run over and over
{
  if (mySerial.available())
    Serial.write(mySerial.read());
  if (Serial.available())
    mySerial.write(Serial.read());
}
```

I2C 센서 사용하기

 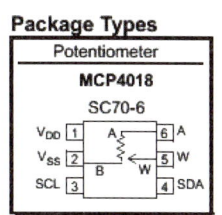

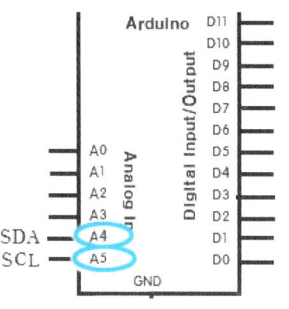

I2C 방식을 사용하는 기기는 온도 센서, 디지털 컴파스, 메모리 칩, Real-Time-Clock(RTC), 디지털 포텐시오미터, FM 라디오 회로, I/O 확장 칩, LCD 컨트롤러, 증폭기 등 다양하다. 동시에 최대 127개의 I2C 기기를 연결해 사용할 수 있다. 센서에 따라 풀업용으로 4.7KΩ 또는 10KΩ 저항 사용을 권장하는 제품도 있다. I2C 연결 케이블의 길이는 1m 이내가 적절하다. 외부 온도 측정 등 긴 케이블이 필요한 경우 특수 IC를 사용하면 길이를 연장시킬 수도 있다. 마이크로칩사의 디지털 포텐시오미터 MCP4018T의 핀 레이아웃을 보면, 3번 핀이 SCL이고 4번 핀이 SDA이다. I2C 통신은 데이터를 시간의 바구니에 넣어 보내기 때문에 시간적으로 동기식 통신 방법이다.

아두이노가 마스터(주인)가 되고 여기에 연결된 센서는 슬레이브(노예)가 된다. 마스터는 여러 명의 슬레이브를 거느릴 수 있다. 개별 노예를 부를 때는 이름인 주소를 말하고 수행할 명령 또는 데이터를 보내거나 받는다. 우노는 I2C용으로, analog 핀 A4를 SDA로, analog 핀 A5를 SCL 전용핀으로 지정하고 있다.

(I/O 핀들의 또 다른 기능에 대하여는 책 뒷부분에 첨부한 Appendix 4에 상세한 설명이 있다.)

우리가 사용하려는 MCP4018 슬레이브 칩 주소는 아래 사양서(Data Sheet)에서 발췌한 TABLE 5-2에 "0101111"이라고 나와 있다. HEX로 환산하면 2F이고 십진수인 DEC로 하면 47이다. MCP 4018은 디지털 포텐시오 미터이며, 0~127 사이 값으로 출력 저항이 조절된다.(HEX로는 0X00~0X7F이다.)

TABLE 5-2: DEVICE I²C ADDRESS

Device	I²C Address	Comment
MCP4017	'0101111'	
MCP4018	'0101111'	
MCP4019	'0101111'	

> **참고** 2진수 및 16진수

컴퓨터 내부는 0과 1만 이해할 수 있다. 아래 그림에 각 방에 있는 숫자들이 0과 1로 이루어진 2진수이다. 각 방은 한 조각이라는 뜻의 비트(bit)라고 부르며, 방 8개를 묶어서 바이트(byte)라고 부른다. 16진수는 0, 1, 2, 3, 4, 5, 6, 7, 8, 9, A, B, C, D, E, F의 16개 숫자 및 문자이다. 아래 1바이트 안에 있는 2진수를 10진수로 환산한 값과 16진수로 환산한 값을 예시로 나타냈다. 16진수(HEXadecimal)인 것을 나타내기 위하여 숫자 앞에 0X를 쓴다.

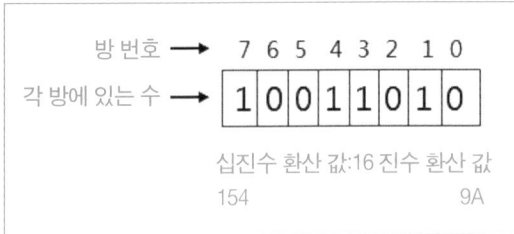

스케치에서 I2C를 사용한다는 #include 〈Wire.h〉 선언하고, void setup( ) 안에 Wire.begin( )을 입력하면 통신작업은 준비 완료이다.

```
#include <Wire.h>
void setup( )
Wire.begin( ) ;
```

데이터 보내기

아두이노에서 I2C 기기로 데이터를 보내려면, 3개의 단어를 사용하면 된다. 데이터를 보내는 슬레이브의 집 주소, 보내는 데이터 값, 마지막으로 데이터 다 보냈다는 종료 단어이다. MCP4018 슬레이브에 숫자값 0을 보내는 예를 보자.

① 사용할 슬레이브 주소를 호출한다.
   Wire.beginTransmission(0x2F); // 16진수 0X2F는 2진수 주소 '0101111' 이다. 16진수로 2F 주소를 가진 슬레이브에게 데이터를 보낸다는 명령이다.

② 데이터 값 보내기
   Wire.write(0); // 값 0을 보냈다.

③ 통신 종료를 알려 주기
   Wire.endTransmission( ); // 통신 끝.

사용한 슬레이브는 임무를 완수했으니, 필요 시 다른 슬레이브를 호출할 수 있다.

데이터 받기

아두이노에서 데이터를 받으려면, 슬레이브 주소와 받을 데이터 양(바이트 수)을 정해야 한다.

① 사용할 슬레이브 주소를 호출한다.
   Wire.beginTransmission(주소);

② 0값을 보내어 첫 번째 레지스터부터 읽을 수 있도록 만든다.
   Wire.write(0);

③ 1차 통신 서문은 여기까지라고 슬레이브에게 통보
   Wire.endTransmission( );

④ 슬레이브에게 데이터를 요청하고 받을 바이트 양을 지정한다.
   Wire.requestFrom(주소, 3); // 3Byte를 받는 경우.

⑤ 받는 데이터 값 읽고 저장하기. 3Byte 데이터를 읽는 경우 각기 다른 저장고에 넣어야 한다.
   a = Wire.read( );
   b = Wire.read( );
   c = Wire.read( );

I2C 통신 방식을 사용하는 방법은 이것이 전부이다!
이제 실제 실습을 통해 이 방법을 완전하게 마스터 하자.

1. I2C 온도 센서(TC74) 값 아두이노에서 받기

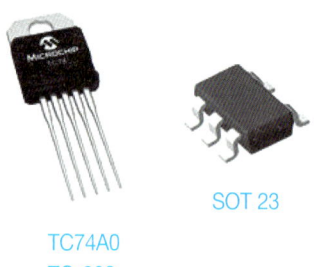

TC74A0
TO-220

SOT 23

이번 프로젝트에서 사용할 I2C 센서는 마이크로칩 사의 TC74A0 디지털 온도 센서이다. 패키징 타입에 따라 핀 기능이 다른 점을 유의해야 한다. TO-220은 핀 3번이 GND인 반면, SOT-23은 2번 핀이 GND로 되어 있다. 왼쪽에 있는 TO-220을 사용하도록 하자.

준비물
- 아두이노 우노 보드, 브레드 보드
- TC74A0 온도 센서 1개
- 5K 옴 저항 2개

TC74A0 센서에서 측정된 온도를 아두이노에서 받고 시리얼 모니터에 프린트하자.

슬레이브 주소를 파악해야 하고, 한 번에 받을 데이터 바이트 양을 결정해야 한다. 주소는 아래 Data Sheet에 나와 있는 것과 같이 A0 타입은 1001000이다. HEX로는 48이고, 10진수로는 72이다. 데이터는 1바이트씩 받는 것으로 스케치를 작성하자.

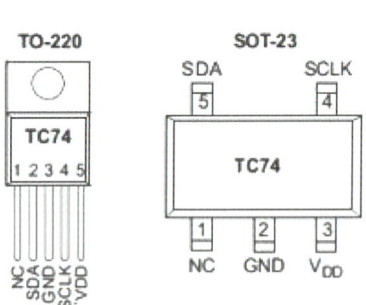
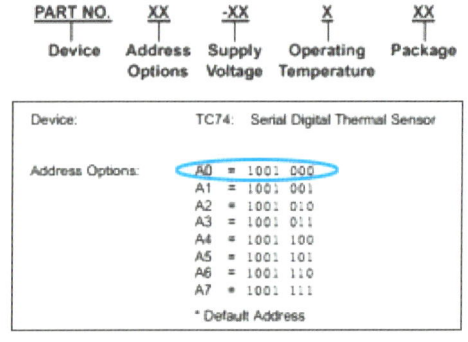

스케치

```
// I2C  TC74 Temperature Reading
#include <Wire.h>

int address = 72 ;  //  TC74 address 1001000 in Decimal

void setup( )
{
        Serial.begin(9600) ;
        Wire.begin( ) ;
}

void loop ( )
{
        Wire.beginTransmission(address) ; // Slave at this address wake up
        Wire.write( 0 ) ;
        Wire.endTransmission( ) ;

        Wire.requestFrom( address, 1 ) ;  // Request 1 byte temp. data from this address
        while( Wire.available( ) == 0 ) ;
int c = Wire.read( ) ;

        Serial.print ( c ) ;
        Serial.println(" C, ") ;

delay(1000) ;
}
```

스케치 분석

앞에서 설명한 대로 I2C 통신을 하기 위하여 #include <Wire.h>를 사용한다.

- **Wire.begin( );** I2C 통신을 시작하라는 명령이다.
- **Wire.beginTransmission(address);** address(주소) 슬레이브에게 준비하라는 명령.
- **Wire.write(0);** 0값을 보내어 첫 번째 레지스터부터 읽을 수 있도록 한다.
- **Wire.endTransmission( );** 1차 통신문 종료를 알리는 것이다.
- **Wire.requestFrom(address, 1);** address라는 주소를 가진 슬레이브에게 1바이트 자료를 보내라는 것.
- **Wire.available( ) == 0** Wire.write(0)에서 0을 보냈기 때문에 0과 같은가 체크하는 것임.

하드웨어 연결

스케치에서 I2C 통신 라이브러리인 Wire.h를 사용했다. 이 라이브러리를 사용하면 아날로그 핀 A4는 SDA, A5는 SCL 전용 핀으로 바뀌게 된다. 따라서 TC74의 2번 핀을 아날로그 A4에, TC74의 4번 핀을 아날로그 A5에 연결해 주어야 한다. TC74의 3번 핀은 GND이므로 아두이노 GND에, TC74 5번 핀은 VDD이므로 아두이노의 5V에 연결해 주어야 한다. 유의해야 할 사항은 I2C 센서는 저항을 연결해 주어야 한다. TC74 2번 핀과 5V 사이에 5KΩ 저항, TC744번 핀과 5V 사이에 5KΩ 저항을 연결해 주어야 한다.

TC74A0	아두이노
2번 핀 (SDA)	A4
3번 핀 (GND)	GND
4번 핀 (SCL)	A5
5번 핀 (VDD)	5V
	A4 와 5V 사이 5KΩ 연결
	A5 와 5V 사이 5KΩ 연결

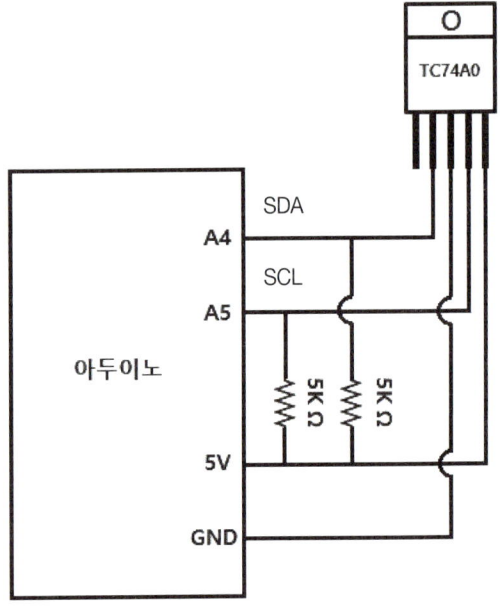

스케치를 컴파일하고 업로드하자. IDE 창에서 시리얼 모니터를 오픈하면 아래 왼쪽과 같이 온도가 측정되는 것을 볼 수 있다. 온도 센서에 손을 대면 아래 우측과 같이 온도가 상승하는 것을 볼 수 있다.

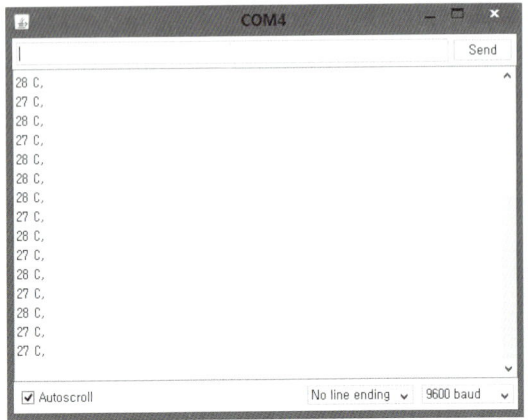
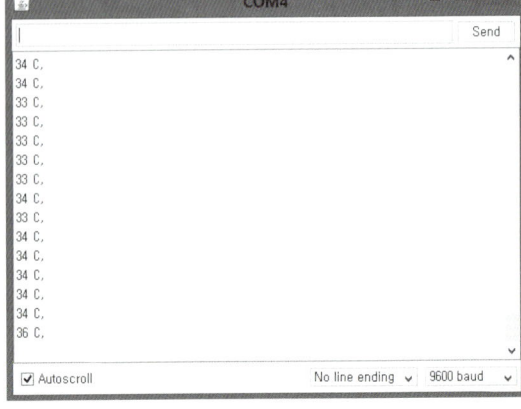

> **참고** IC칩 데이터 시트에 나와 있는 2진수를 10진수로 환산하는 방법

2진수를 10진수로 환산하려면 스마트폰 어플을 사용하는 것이 가장 편한 방법이다. 무료 어플을 하나 받아 두면 16진수도 쉽게 환산할 수 있다. 여기에서는 수동으로 계산하는 방법을 설명하려고 한다. 어플을 사용하더라도 환산 원리는 이해하는 것이 중요하다.

오른쪽 테이블과 같이 2진수의 각 항을 우측에서 좌측으로 0에서부터 하나씩 증가시키면서 2의 제곱수를 계산한다. 결과로 나온 각 항을 더하면 환산된 10진수 값이 된다.

1	0	0	1	0	0	0	2진수
2^6	2^5	2^4	2^3	2^2	2^1	2^0	
64	0	0	8	0	0	0	10진수

64+8=72

I2C 자이로(GYRO) 센서

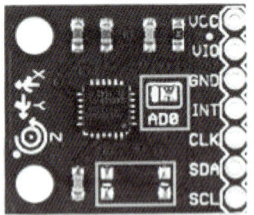

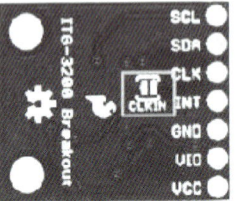

자이로 센서는 자동차, 비행기, 선박의 위치 제어에 사용하는 중요한 센서이다. 프로젝트에 사용된 모듈은 ITG3200 IC 스파크펀 사 제품이며, ITG3200 라이브러리를 사용한다. https://github.com/sparkfun/ITG-3200_Breakout를 방문하여 라이브러리를 다운받는다. ZIP 파일 압축을 풀고 Arduino의 libraries 파일 안에 놓으면 된다. 다운로드한 ITG3200 파일 안에 example 파일이 있고, 그 안에 ITG3200_test 파일이 있으며, 그 안에 스케치가 있다.

준비물
- 아두이노 우노 보드, 브레드 보드 각 1개
- ITG3200 자이로 센서 1개

 스케치

구동에 필요한 부분만 남긴 스케치가 아래에 있다.

스케치는 Wire 라이브러리를 사용하고 있다. 이 라이브러리는 IDE에 기본으로 구비되어 있다. 따라서 다운로드 받을 필요가 없다. Wire 라이브러리를 사용할 때 기본적으로 요구되었던 Wire.beginTransmission같은 명령들은 ITG3200 라이브러리에 모두 백그라운드로 들어가 있다.

```
// ITG-3200_test
// Simple test of gyro sensors output using default settings.

#include <Wire.h>
#include <ITG3200.h>

ITG3200 gyro = ITG3200() ;
float  x,y,z;
int ix, iy, iz;
```

```
void setup(void) {
  Serial.begin(9600);
  Wire.begin();
  delay(1000);

  gyro.init(ITG3200_ADDR_AD0_HIGH);

  Serial.print("zero Calibrating...");
  gyro.zeroCalibrate(2500, 2);
  Serial.println("done.");
}

void loop(void) {
   while (gyro.isRawDataReady()) {

    // Reads calibrated values in deg/sec
    gyro.readGyro(&x,&y,&z);
    Serial.print("X:");
    Serial.print(x);
    Serial.print("  Y:");
    Serial.print(y);
    Serial.print("  Z:");
    Serial.println(z);

  }
}
```

스케치 분석

- **ITG3200 gyro = ITG3200( );**   gyro라는 이름을 부여해서 라이브러리에 있는 함수들을 사용하도록 했다.
- **Serial.begin(9600), Wire.begin();**   시리얼 모니터와 Wire 라이브러리를 가동시켰다.
- **gyro.init(ITG3200_ADDR_AD0_HIGH);**   주소를 부여하기 위한 하드웨어 연결 관련 사항이다. 모듈 표면 노란 박스 안에 있는 AD0를 VCC에 연결하면 HIGH, GND에 연결하면 LOW가 된다. 스파크펀 사의 모듈은 출시 기본이 HIGH로 되어 있다.
- **gyro.zeroCalibrate(2500, 2);**   캘리브레이션 하기 위한 데이터 숫자와 밀리초 단위 시간 간격이다.
- **while(gyro.isRawDataReady());**   데이터가 있으면 이어지는 중괄호 안에 있는 작업 수행이다.
- **gyro.readGyro(&x,&y,&z);**   &x는 x값이 있는 주소이며, 사용한 이유는 실수로 x값이 바뀌지 않게 하려고 안전을 고려했기 때문이다. &y, &z도 같다.

하드웨어 연결

하드웨어 연결에서 유념해야 할 사항들이 있다. 첫 번째는 3.3V를 VCC에 연결해야 한다. 두 번째는 모듈 뒷면 노란 박스 안에 CLKIN이라는 곳에 있는 두 개의 단자는 외부 클럭 연결을 위한 것이다. 외부 클럭을 사용하지 않는다면 납땜해서 단자를 쇼트시켜 주어야 한다. 세 번째는 VIO와 VCC를 서로 연결시켜 주어야 한다. 그 외 하드웨어 연결은 간단하다. 물론 모듈에 커넥터 핀을 납땜해서 사용해야 점퍼 케이블로 아두이노와 연결하기가 수월하다.

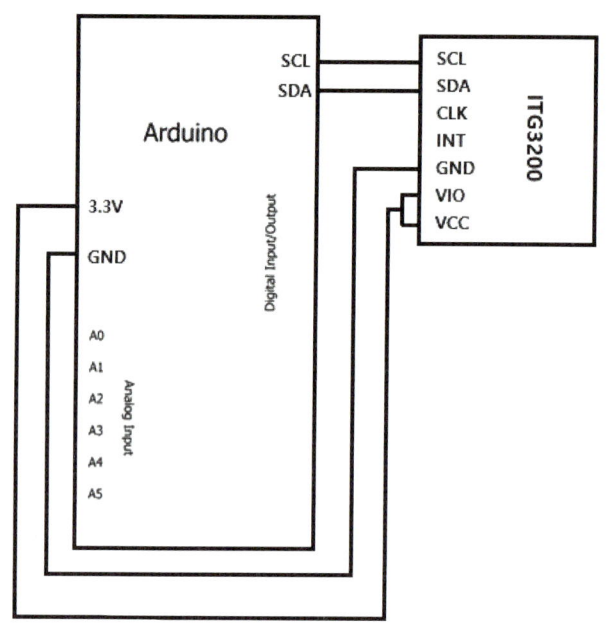

스케치를 컴파일하고, 업로드한다. IDE 시리얼 모니터를 오픈하면 아래와 같이 x, y, z값이 빠르게 프린트된다. 이제 센서를 조금만 움직여도 값들이 급격하게 변하는 것을 볼 수 있다.

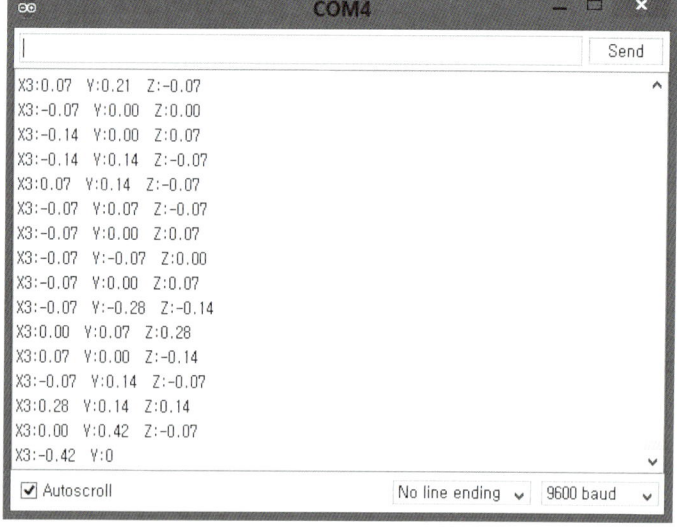

여러 개 I2C 센서 값 동시에 받기

I2C 센서는 동시에 127개를 연결할 수 있는 장점을 가지고 있다. 앞에서 사용했던 74 패밀리 센서를 3개 연결하여 동시에 온도 3개를 측정하자. (TC74A0, TC74A1, TC74A2)

준비물
- 아두이노 우노 보드, 브레드 보드
- TC749A0, TC749A1, TC749A2 온도센서 각 1개
- 5K 옴 저항 2개

스케치

센서의 주소를 위에 있는 테이블에서 찾아 10진수로 변환한다.

```
// I2C : TC74A0~A2

#include <Wire.h>
int address1 = 72;  //decimal address of sensor 1
int address2 = 73;  //decimal address of sensor 2
int address3 = 74;  //decimal address of sensor 3
void setup() {
 Serial.begin(9600);
Wire.begin();     // I2C communication object
```

```
}

void loop() {
int c1 = read_temp(address1);
int c2 = read_temp(address2);
int c3 = read_temp(address3);
Serial.print("Sensor 1: ");
Serial.print(c1);
Serial.print("C | ");
Serial.print("Sensor 2: ");
Serial.print(c2);
Serial.print("C | ");
Serial.print("Sensor 3: ");
Serial.print(c3);
Serial.println("C");
delay(500);
        }

int read_temp(int address) {

Wire.beginTransmission(address);
Wire.write(0);
Wire.endTransmission();
Wire.requestFrom(address, 1);

while(Wire.available() == 0);

int c = Wire.read();
return c;
        }
```

스케치 분석

■ TC74 데이터 시트에서 주소값을 확인하고 10진수로 환산한 값이 각기 72, 73, 74이다. 슬레이브 역할을 하는 센서에 데이터를 보낼 준비를 하라는 명령 3단계

Wire.beginTransmission(address);

Wire.write(0);

Wire.endTransmission();

그리고 데이터를 1바이트씩 보낼 것을 요청하는 Wire.requestFrom(address, 1)으로 이루어져 있다. 앞에 있는 프로젝트와 동일하다. 센서 숫자가 증가해도 함수를 만들어 사용하면 수십 개 수백 개의 센서가 연

결되어 있어도 스케치는 더 이상 복잡하지 않게 된다는 것을 보여 준다.

■ **int read_temp(int address)**   loop( )에서 반복해서 사용하기 위하여 만든 함수이다.

하드웨어 연결

1.번 프로젝트와 같다. 다만 여러 개를 연결한 것이다.

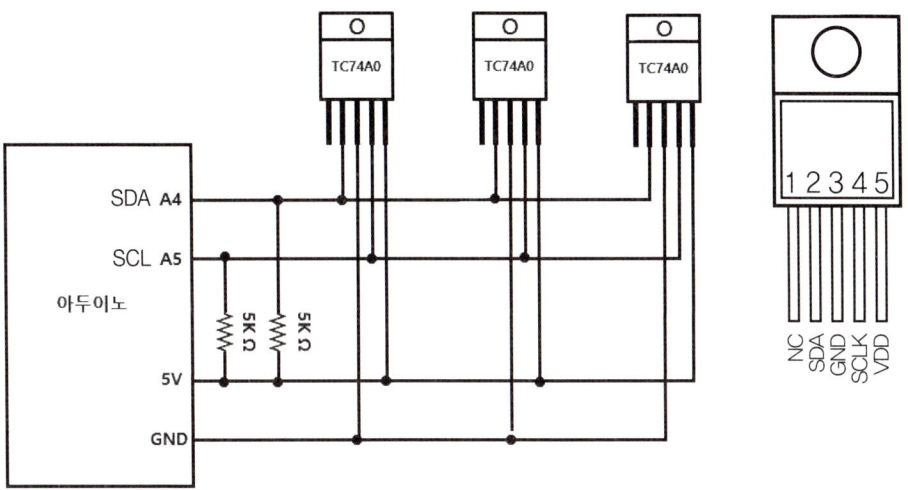

스케치를 컴파일하고, 업로드한다. 아래 왼편에 있는 모니터에는 같은 장소에서 측정했는데 조금씩 다른 온도를 나타내고 있다. 초기 온도 캘리브레이션 되지 않아 나오는 오차인 것으로 추정된다. 온도를 가장 낮게 표시한 가운데 센서에 손가락으로 체온을 전달했다. 아래 우측 모니터 캡처에 중간에 있는 온도만 상승한 것을 볼 수 있다.

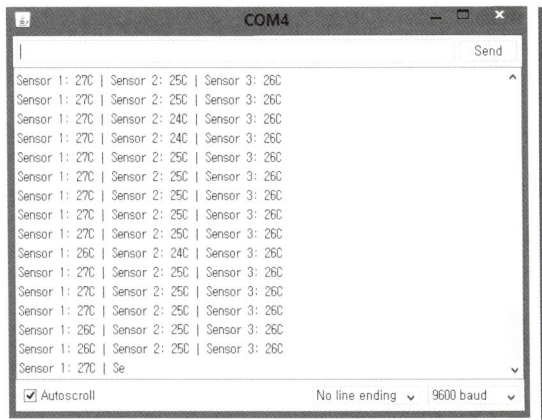
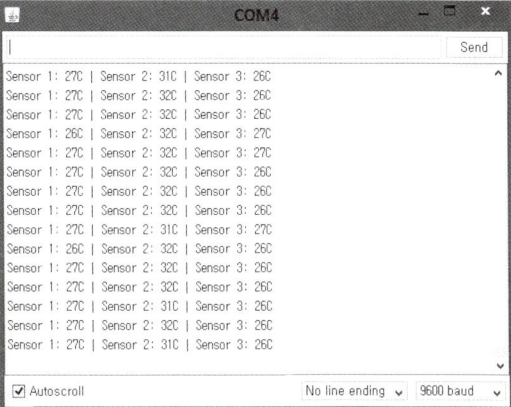

SPI 센서 사용하기

SPI 통신에서는 슬레이브 센서의 주소를 알아야 하고 사용할 슬레이브와 연결된 SS 핀을 LOW로 하면 된다. 나머지 슬레이브와 연결된 SS 핀은 HIGH 상태로 있게 하기 때문에 쉽게 현재 통화 중인 슬레이브를 파악할 수 있다. SPI 기기는 한 번에 1바이트씩 데이터를 보낸다.

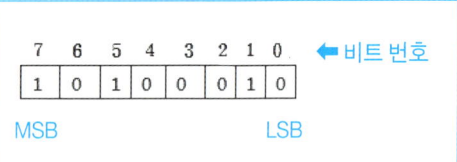

바이트에는 왼쪽 그림과 같이 0부터 7까지 8개의 비트가 있다. SPI 기기 제조사에 따라 데이터를 왼쪽에서 오른쪽으로 즉 MSB부터 읽게 하는 회사가 있는 반면, 오른쪽에서 왼쪽으로 즉 LSB부터 읽게 만드는 회사가 있다. MSB는 Most Signficant Bit의 약자이고, LSB는 Least Significant Bit의 약자이다.

SPI 통신 목적으로 지정된 아두이노 우노의 핀(13~10)이 아래 그림에 있다.

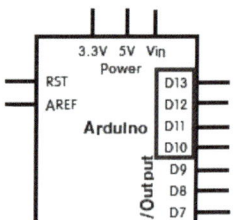

우노인 경우

| 핀 13 = SCK |
| 핀 12 = MISO |
| 핀 11 = MOSI |
| 핀 10 = SS |

SS는 핀 10뿐만 아니라 어떤 핀을 사용해도 됨.

SPI 라이브러리는 아두이노 IDE에 기본으로 장착되어 있다. 스케치 앞부분에 # include 〈SPI.h〉를 선언해서 사용하면 된다.

아두이노에서 SPI 사용 준비

① **#include <SPI.h>** SPI 라이브러리를 사용한다고 알려준다.
② **pinMode(SS, OUTPUT);** 슬레이브를 선택하는 핀을 OUTPUT으로 만든다.
③ **SPI.begin( );** SPI 통신 시작을 준비하라는 명령.
④ **SPI.setBitOrder(MSBFIRST);** 왼쪽에서부터 데이터가 시작된다는 명령.
(기기에 따라 SPI.setBitOrder(LSBFIRST) 사용하기도 한다)

SPI에서 아두이노로 데이터 보내기

① **digital.Write(SS, LOW);** 통신할 슬레이브 핀을 LOW로 만든다.
② **SPI.transfer(값);** 보낼 "값"은 0~255 사이 숫자이다. 8비트는 2^8이므로.
③ **digital.Write(SS, HIGH);** 슬레이브 선택 핀을 HIGH로 하면 통신이 종료되었다는 것을 통보한다.

SPI 통신 스케치가 I2C보다 간결하다는 것을 알 수 있다. 이제 실제 실습으로 들어가자.

4 아두이노에서 SPI 사용 가변저항에 데이터 보내기

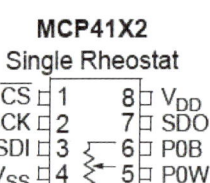

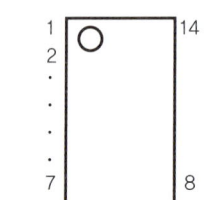

IC칩 핀 번호는 왼쪽 아래 그림과 같이 면에 반원 홈이 있는 IC(왼쪽)와, 원으로 홈을 만든 IC가 있다. 이곳을 기준으로 왼쪽에서 밑으로 내려가면서 번호를 증가시키고 좌측 맨 밑에서 우측 맨 밑으로 이동 이번에는 올라가면서 번호를 증가시킨다.

준비물
- 아두이노 우노 보드, 브레드 보드
- MCP41X2 가변저항 1개

SPI 통신 방법은 여러 종류의 센서에서 사용된다. 예를 들면 온도, 압력, 터치스크린, 비디오 게임 컨트롤러, 아날로그 디지털 컨버터 등이다. 그 이외에도 Flash 메모리, EEPROM, 이더넷과 같이 고속 통신이 필요한 여러 곳에 사용되고 있다.

프로젝트에서 사용한 가변 저항기(Rheostat)는 MCP4162 IC이다. Potentiometer는 전위차계(전압분배기)이다. 가변 저항기와 포텐시오 미터의 차이를 아래에 그림으로 표시했다. 둘 다 저항 위에서 움직이는 와이퍼(wiper)가 있다. 가변 저항기인 경우 3번인 와이퍼가 좌우로 움직이면 직렬 저항을 몇 개 연결하느냐 하는 것과 같다. 반면 전위차계는 저항 양쪽 끝단인 1번과 2번이 회로에 연결되어 있고, 그 사이를 와이퍼가 움직이는 것이다. 이것은 전압 분배기(voltage divider)와 동일한 연결이다. 엄밀하게 말하면, 포텐시오 미터(전위차계)는 변화하는 볼트(전압)를 측정하는 것이고, 가변 저항기는 전류를 측정하는 것이다. V=IR이어서 측정되는 값이 무엇이든 저항을 측정할 수 있다.

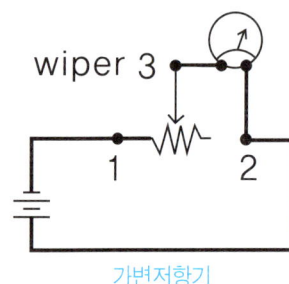
가변저항기

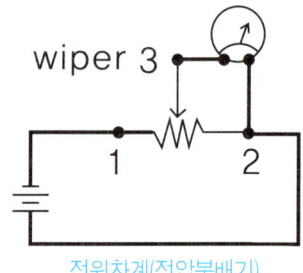
전위차계(전압분배기)

스케치

```
// Microchip MCP4162 digital Rheostat

#include <SPI.h>
int SS=10; // pin 10 for SPI slave select

void setup()
{
  pinMode(SS, OUTPUT);
  SPI.begin(); // wake up the SPI bus.
  SPI.setBitOrder(MSBFIRST);  // MCP4162 sent data MSB first
}

void setValue(int value)
{
  digitalWrite(SS, LOW);
  SPI.transfer(0); // send command byte
  SPI.transfer(value); // send value (0~255)
  digitalWrite(SS, HIGH);
}

void loop()
{
  for (int a=0; a<256; a++)
  {
    setValue(a);
    delay(200);
  }
  for (int a=255; a>=0; --a)
  {
    setValue(a);
    delay(200);
  }
}
```

스케치 분석

- **#include <SPI.h>** SPI 라이브러리는 IDE에 기본으로 들어 있다.
- **pinMode(SS, OUTPUT);** 10번 디지털 핀을 슬레이브 셀렉트 핀으로 지정한다.

■ **SPI.begin( );** SPI 통신 시작을 준비하라는 명령.
■ **SPI.setBitOrder(MSBFIRST);** 데이터는 왼쪽 비트부터 시작한다.
■ **SPI.transfer( );** 데이터를 보낸다.
■ **digital.Write(SS, HIGH/LOW);** 슬레이브를 활성화/비활성화시킨다.

하드웨어 연결

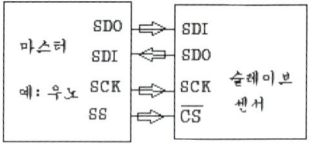

앞선 SPI 설명에서는 MOSI, MISO와 같은 단어를 사용했는데 여기에서 사용할 IC 핀 레이아웃에는 없다. 이유는 IC 제조회사마다 약간씩 다른 이름을 사용하기 때문이다. 선택한 IC는 마이크로칩 사의 제품이며 그들이 사용하는 약자의 의미는

SDO: Serial Data Output

SDI: Serial Data Input

이다.

이해를 증진시키기 위하여 아래 도식으로 표시하였다. 마스터에서 나오는 SDO는 슬레이브 SDI에 연결되어야 하고, 슬레이브에서 나오는 데이터 SDO는 마스터의 SDI에 연결되어야 한다. 시간(SCK)은 마스터에서 일방적으로 슬레이브에 보내고, 슬레이브를 선택하는 CS(Chip Select)도 마스터에서 명령을 내린다. $\overline{CS}$와 같이 단어 위에 ‾ 표시가 있는 것은 LOW 상태일 때 칩이 작동한다는 뜻이다.

MCP4162	아두이노	참조
VDD: 핀 8		
SCK: 핀 2	핀 13	
SDO: 핀 7	핀 12	MISO(Slave Data Out)
SDI: 핀 3	핀 11	MOSI(Slave Data In)
$\overline{CS}$: 핀 1	핀 10	SS(Chip Select)
Vss: 핀 4	GND	

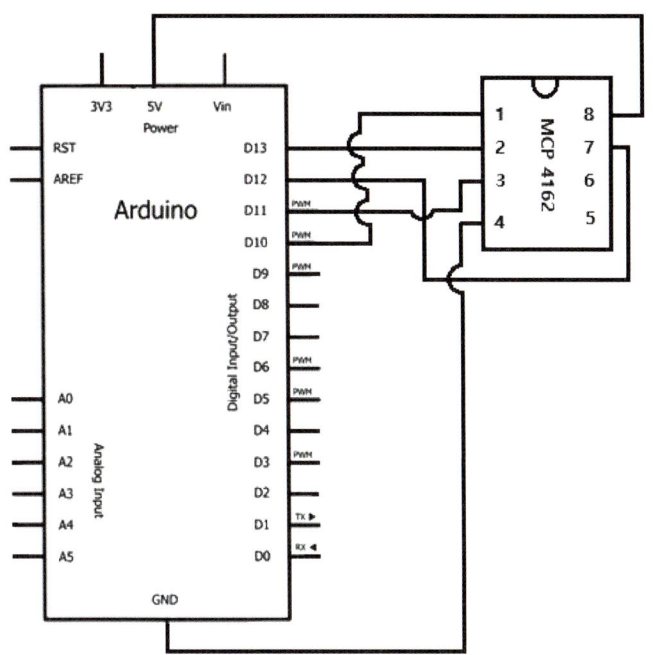

스케치를 컴파일하고 업로드시키자. 가변저항기 5번과 6번 핀 사이에서 미터기를 연결하여 저항을 측정하면 프로그램에 의해 수치가 서서히 변화되는 것을 볼 수 있다.

ARDUINO

제4부

프로세싱(Processing) 언어

1. 컴퓨터그래픽 GUI 사용 아두이노 컨트롤 하기
2. 프로세싱에서 마우스 클릭하여 아두이노 LED ON 시키기
3. 아두이노 센서에서 받는 값, 프로세싱 창에서 실시간으로 보기

컴퓨터 그래픽 GUI 사용 아두이노 컨트롤하기

프로세싱은 아두이노 스케치를 탄생시킨 롤 모델이다. 미디어 아티스트 및 시각 디자이너들을 위한 컴퓨터 프로그램 언어이며, MIT 미디어 그룹에서 시작했다. 아두이노의 강점은 입력과 출력 핀을 다루기 쉽게 되어 있다. 그러나 단점은 한정된 메모리 용량 때문에 그래픽을 나타내는 업무에는 약하다. 프로세싱은 컴퓨터 모니터에 그래픽을 만들기 편리하게 된 소프트웨어이다. 이 책에서는 아두이노에서 센싱되는 데이터를 컴퓨터 모니터에 모양 좋게 나타내는 정도만 시연하기로 한다.

프로세싱은 아두이노와 언어와 구조가 매우 흡사해서 아두이노 스케치를 아는 사람들은 이해하기가 매우 쉽다. 우선 언어 구조와 문법을 비교해 보자.

아두이노	프로세싱	비고
void setup( ) { ... }	void setup( ) { ... }	둘 다 같은 업무 수행
void loop( ) { ..... }	void draw( ) { ..... }	둘 다 같은 무한 반복 수행

loop( ) 대신에 draw( )라는 단어를 사용하는데 이것은 프로세싱이 그림을 그리는 위주로 하는 프로그램이라는 것을 알 수 있다. 예를 들어 사각형을 그리려면 rect( ) 하면 된다. (rect는 rectangle의 약자이다). 아두이노 소프트웨어를 다운로드하는 방법과 동일하게 프로세싱 소프트웨어를 다운로드할 수 있다.

https://www.processing을 입력하면 오른쪽과 같은 메인 화면이 나온다.

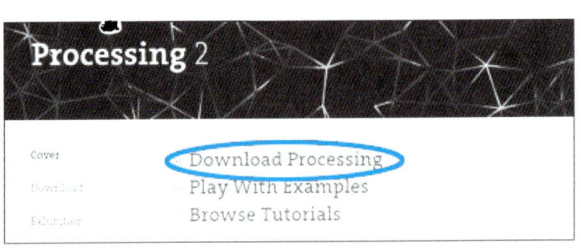

Download Processing을 클릭하면, 비영리 프로세싱 재단에 도네이션 할 것인가에 질문에 좌측에 있는 도네이션 없음 해도 오른쪽과 같이 Download를 클릭할 수 있는 상태가 된다.

클릭하면 새로운 화면이 나오고

본인이 사용하는 컴퓨터 OS를 클릭한다. (PC에서 제어판⇒모든 제어판 항목⇒시스템에서 몇 비트인지 찾아 볼 수 있다). 맞는 OS를 클릭하면 Processing…Zip 파일이 컴퓨터에 다운로드 된다.
Zip 파일의 압축을 풀면 바탕화면에 아래와 같은 프로세싱 바로가기가 만들어진다.
바로가기를 클릭하면 아두이노 스케치와 쌍둥이 같은 프로세싱 스케치가 열린다.

설치가 완료되었다 !!!

프로세싱은 아두이노와 별개로 작동하는 프로그램이다. 프로세싱은 아두이노와 상관없이 컴퓨터에서만 작동하는 소프트웨어이다. 다만 시리얼 포트를 통해 아두이노에서 오는 데이터를 받거나 아두이노로 데이터를 보낼 수 있다.

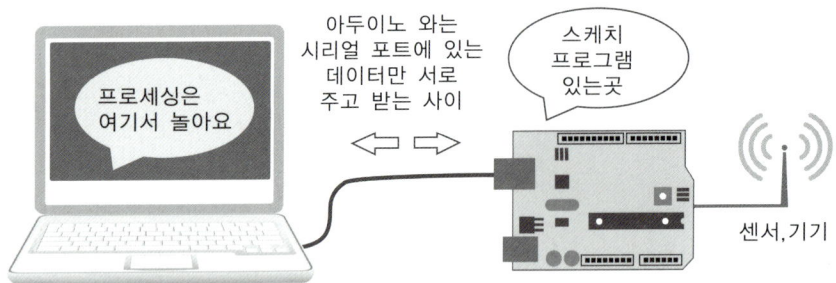

간단한 첫 번째 프로세싱 프로그램 작성하기

프로세싱 프로그램에서 숫자를 카운트해서 모니터에 나타나게 하는 짧은 프로그램을 작성해 보자. 프로세싱 IDE 창에 오른쪽 스케치를 입력한다.

- **void setup( )** void setup( ) 내에 있는 size(400,400)은 나타낼 화면의 사이즈를 가로 400 세로 400으로 지정한 것이다. (모니터 화면에서 size의 실제 크기는 시스템에 따라서 달라진다.)
- **background(50,50,50);** Red, Green, Blue 각각의 색상을 조정하는 숫자이고, 최고 수치는 255이다.
- **void draw( );** 아두이노 스케치의 void loop( )와 같다. 계속 반복을 명령한다.
- **textSize(16);** 글씨 크기이다.
- **text(count,200,200);** x=200, y=200인 지점에 count 값을 쓰라는 명령이다.
- **count++;** draw( )가 반복될 때마다 count 숫자를 1씩 증가시킨다.

IDE 우측 왼쪽에 있는 Run 버튼(▶)을 클릭하면, 오른쪽과 같이 프로세싱이 만든 창이 열리면서 count 숫자가 계속 증가하는 것을 볼 수 있다.

프로세싱은 자체적으로 화면에 그래픽을 만드는 소프트웨어이다. 아두이노 센서에서 받은 데이터를 시리얼 모니터가 아닌 프로세싱 모니터에 멋있게 표현할 수 있다.

프로세싱과 아두이노 사이에 데이터 주고받기

프로세싱에서 아두이노와 데이터를 주거나 받는 통로는 시리얼 포트이다. 따라서 프로세싱 첫 줄에 import processing.serial.*을 선언해 주어야 한다. 그리고 받은 Serial에서 사용할 이름을 작명해 주어야 한다. 여기에서는 임의로 myPort라고 작명했다. 다음 시리얼 통신에 사용되는 포트를 명시해 주어야 한다. 예로 "COM7"을 사용할 경우는 String portName = "COM7".

new Serial(this, portName, 9600)에서 this는 이곳 사용이라는 뜻이고, 포트이름(portName), 그리고 통신속도 9600을 명시해주면 된다. 아래에 테이블로 정리했다

정리	프로세싱 언어(시리얼 포트를 통하여 아두이노와 통신하기 위한)
프로세싱 코드	
import processing.serial.*	// 시리얼에서 데이터를 받는다
Serial myPort	// 시리얼에서 사용될 이름 명명
String portName = "COM7"	// 사용되는 포트 번호(각자 다름)
myPort = new Serial(this, portName, 9600)	// 이곳, 포트번호, 통신 속도

*는 processing.serial이 있는 주소를 가리키는 포인터이다.

프로세싱에서 마우스 클릭하여 아두이노 LED ON 시키기

프로세싱으로 만든 모니터 창에서 마우스를 클릭해서 아두이노를 컨트롤 할 수 있다.
프로세싱으로 만들어진 모니터 창에 마우스 포인터를 가져가면 아두이노 보드 13번 핀 LED가 ON 되게 하자.

1 프로세싱에서 시리얼 통신으로 아두이노에게 ON 신호를 보내는 프로그램 작성

시리얼 통신을 사용할 것이므로 import processing.serial.*; 를 맨 앞에 써 주어야 한다.

- **Serial myPort;** // Serial을 사용하기 위하여 작명한 함수 이름 myport.
- **size(200,200);** // 만들 창의 사이즈는 가로 200, 세로 200
- **String portName = "COM7"** // 독자가 사용하는 포트 번호로 수정하여야 함.
- **if (mousePressed == true)** // 마우스가 눌러졌으면 true와 같으므로 이어지는 myPort.write('1');에서 시리얼 통신에 1을 보낸다.
- **println("1");** 프로세싱 IDE 밑 부분 공간에 프린트할 값.

프로세싱 코드

```
// Processing Sketch control Arduino LED 13:
// Mouse Press inside Processing create window then LED ON

import processing.serial.*;

Serial myPort;  // Create object from Serial class

void setup()
{
  size(200,200); //make our canvas 200 x 200 pixels big
  String portName = "COM7" ; //change the 0 to a 1 or 2 etc. to match your port
  myPort = new Serial(this, portName, 9600);
}

void draw() {
  if (mousePressed == true)
```

```
  {                    //if we clicked in the window
   myPort.write('1');    //send a 1
   println("1");
  } else
  {                    //otherwise
   myPort.write('0');    //send a 0
  }
 }
```

작성된 프로세싱을 Run시키면 아래 왼쪽과 같은 size(200,200) 모니터 창이에 나온다. 모니터 창 안에서 마우스가 눌린(pressed) 상태이면, 우측과 같이 프로세싱 윈도우 하단 부분에 1이 프린트된다.

프로세싱을 Run시킬 때에도 아두이노 보드는 반드시 PC와 연결되어 있어야 한다. portName = "COM7"에서 데이터를 보낸 포트가 존재해야 하고, 포트 번호가 정확하여야 한다. 사용자에 따라 COM3 또는 COM5 등이 될 수 있다.

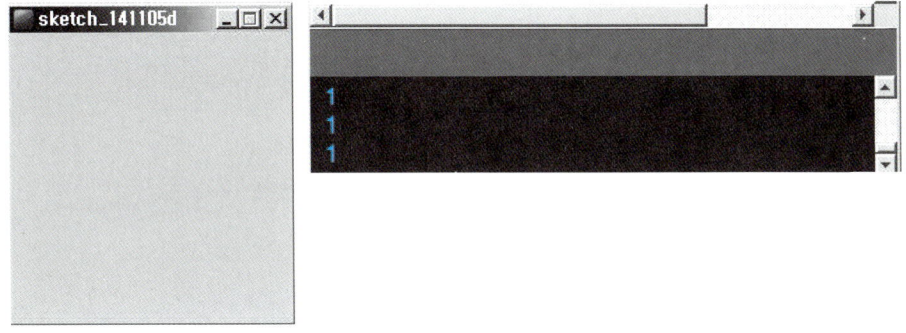

이제 보내는 프로세싱 프로그램이 완성되었다.

2 다음은 아두이노 스케치를 작성할 차례이다.

스케치는 이전 다른 실습에서 만들었던 것과 다를 것이 없다. 시리얼 포트에 데이터가 있는지를 파악하는 if (Serial.available( ))을 사용하면 된다. 데이터 값이 1이면(마우스를 누른 상태이면), LED를 ON 시키라는 스케치를 작성하면 된다.

아두이노

```
// Arduino Sketch controlled by Processing
// Receive data from Processing and
// if Mouse pressed inside Processing made box turn LED ON

 char val; // Data received from the serial port
 int ledPin = 13; // Set the pin to digital I/O 13

 void setup() {
  pinMode(ledPin, OUTPUT); // Set pin as OUTPUT
  Serial.begin(9600); // Start serial communication at 9600 bps
 }

 void loop() {
  if (Serial.available())
  { // If data is available to read,
    val = Serial.read(); // read it and store it in val
  }
  if (val == '1')
  { // If 1 was received
    digitalWrite(ledPin, HIGH); // turn the LED on
  } else {
    digitalWrite(ledPin, LOW); // otherwise turn it off
  }
  delay(10); // Wait 10 milliseconds for next reading
}
```

■ **val = Serial.read();** 시리얼 통신에 있는 데이터를 읽어서 val에 저장한다. val 값이 1이면 LED를 ON 시키고, 그렇지 않으면 LED를 OFF 시킨다.

아두이노를 업로드하기 전 프로세싱에서 만든 창을 닫아야 한다. 우선 아두이노 스케치가 시리얼 통신으로 우노 보드에 들어가야 하기 때문이다. 다시 정리 하면,

❶ 프로세싱에서 만든 size(200,200) 창 우측 상단에 있는 X를 클릭하여 창을 닫는다.
❷ 아두이노 스케치를 컴파일한 후 업로드한다.
❸ 프로세싱을 Run시켜 size(200,200) 창을 다시 만든다.
❹ 마우스 커서를 size 창 안에서 누르고 있으면 우노 내부에 있는 13번 LED가 ON 되고, 누르지 않은 상태에서는 LED가 OFF 된다.

아두이노 센서에서 받는 값, 프로세싱 창에서 실시간으로 보기

광센서(CDS 센서)에서 받는 데이터를 프로세싱에 보내 실시간으로 데이터를 볼 수 있도록 하는 프로그램을 작성해 보자.

아두이노 스케치는 앞 광센서 [2-2]에서 사용하였던 것을 그대로 사용하였다. 하드웨어 연결도 같다. 광 센서는 아날로그 핀 A0에 연결되어 있다.

아두이노

```
// CDS Photo Sensor

int cds = A0 ;
int ledPin = 9 ;
int val = 0 ;
void setup( )
{
  Serial.begin(9600);
  pinMode( ledPin , OUTPUT ) ;
}
void loop()
{

  val=analogRead(cds);   //connect CDS sensor to Analog A0
  Serial.println(val,DEC);//print the value to serial
  analogWrite( ledPin , val/4 ) ;  // to make max less than 255
    delay(100);
}
```

1 아두이노 스케치를 컴파일하고, 업로드시킨다.
2 IDE 시리얼 모니터를 오픈하면 아래 캡처와 같이 광 센서에서 받는 데이터 값이 시리얼 모니터에 프린트되는 것을 볼 수 있다. 사용되고 있는 시리얼 포트 번호를 점검한다(도구 ⇒ 시리얼 포트 COMX).

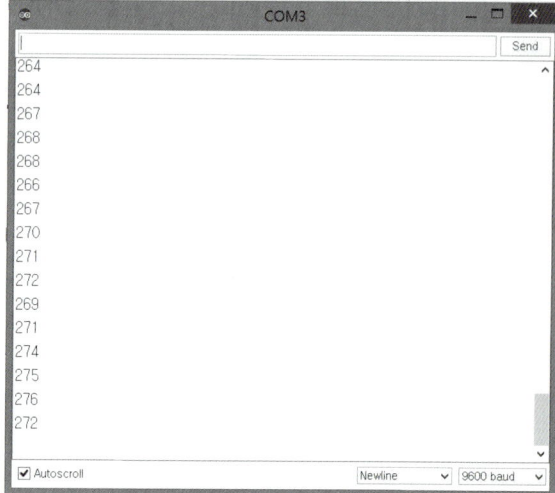

3 확인 후 시리얼 모니터를 종료시킨다. 그러지 않으면 다음 프로세싱에서 데이터를 받을 포트를 사용할 수 없다.
4 오른쪽 프로세싱 스케치에 있는 String portName = "COM3"에서 현재 사용 중인 COM 번호로 수정하고 Run(▶)시킨다.

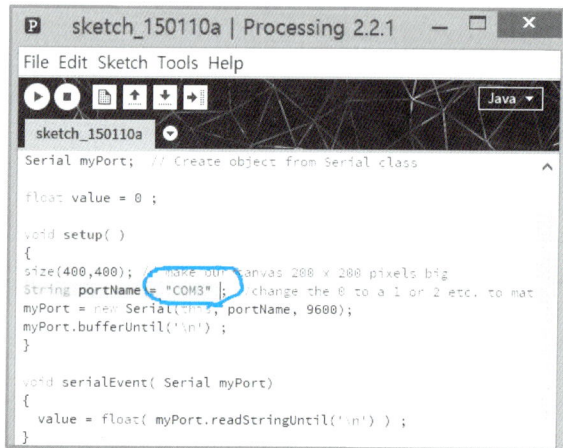

프로세싱 코드

// Receive data from Arduino then show it in Processing created window

import processing.serial.*;
Serial myPort; // Create object from Serial class

float value = 0 ;

void setup( )
{
size(400,400); // make our canvas 200 x 200 pixels big

```
String portName = "COM7" ; //change the 0 to a 1 or 2 etc. to match your port
myPort = new Serial(this, portName, 9600);
myPort.bufferUntil('\n') ;
}

void serialEvent( Serial myPort)
{
  value = float( myPort.readStringUntil('\n') ) ;
}

void draw( )
{

background(50) ;
textSize(16) ;
text("value =",120,200);
text(value,200,200);
}
```

■ \n   ASCII 코드로 줄 바꿈이다.

프로세싱을 RUN 시키면 PC 모니터에 프로세싱이 만드는 창이 보이며, 광 센서 값이 실시간으로 바뀌는 것을 볼 수 있다. LED 밝기도 변화하는 것을 볼 수 있다.

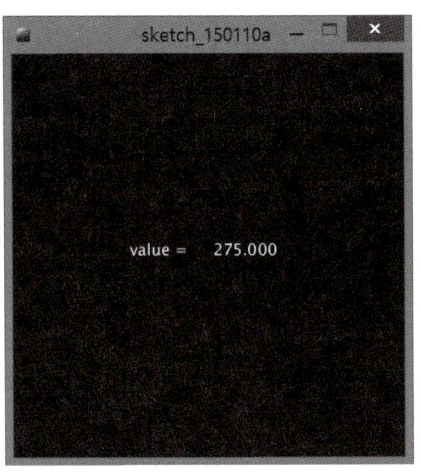
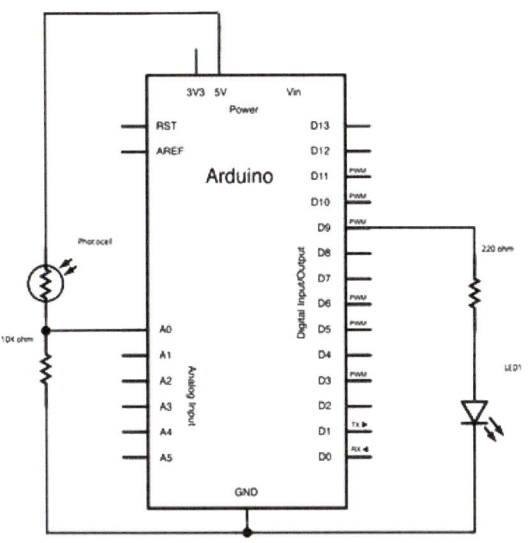

DC 모터 컨트롤

1. DC 모터 컨트롤: 트랜지스터 사용
2. DC 모터 컨트롤: PWM 방식 속도제어
3. DC 모터 컨트롤: 가변저항으로 속도 조절하기
4. DC 모터 컨트롤: 회전 방향 조정하기 (H-브리지 IC 사용)
5. DC 모터 컨트롤: L293D 사용 속도와 회전 방향 조정하기

서보 모터, 스테핑모터 컨트롤

6. 서보 모터 기본 스케치
7. 서보 모터: 포텐시오 미터로 각도 컨트롤하기
8. 서보 모터: 제3의 라이브러리를 사용 회전 속도 컨트롤하기
9. 스테핑 모터 컨트롤: L293D 사용

드라이버 쉴드 사용: DC 모터, 서보 모터, 스테핑 모터 컨트롤

10. DC 모터 컨트롤: 쉴드 사용
11. 서보 모터 컨트롤: 쉴드 사용
12. 스텝 모터 컨트롤: 쉴드 사용

DC 모터 컨트롤

모터는 청소 로봇, 전기 자동차, 전기면도기, 세탁기, 냉장고 … 등 열거하기 힘들 정도로 많은 곳에 사용되고 있다. 모터의 속도를 조절하고 방향을 바꾸게 하는 프로젝트를 할 것이다. 프로젝트에서 사용할 모터는 제작 방법에 따라 DC 모터, 서보 모터, 그리고 스텝 모터로 분류된다.

DC 모터는 전기면도기, 전동 칫솔, 로봇, 전동 공구, 장난감 자동차를 비롯하여 가장 많은 곳에 사용되고 있다.

서보 모터는 DC 모터인데 간단한 신호로 일정한 각도를 회전할 수 있게 되어 있다. 자동차의 스티어링 휠 조정, 시뮬레이터 레벨 조정, 비행기의 날개 조정, 로봇 팔을 비롯한 여러 곳에 사용되고 있다.

스텝 모터는 스피드보다는 정밀하게 작은 각도의 움직임이 요구되는 3D 프린터, 수술용 로봇 등에 사용되고 있다.

 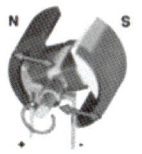

DC 모터

서보 모터

스텝 모터

DC 모터 컨트롤: 트랜지스터 사용

DC 모터의 분해도가 왼쪽에 있다. 가운데 있는 회전자에 코일이 감겨 있고 이 코일에 전원을 연결하면 자기장이 생긴다. 모터 케이스 안쪽에 있는 영구 자석과 전원에 의해 만들어진 자기장이 서로 당기고 밀고 하면서 회전자를 회전시키는 것이다.

준비물
- 아두이노 우노 보드, 브레드 보드 각 1개, DC 모터
- 트랜지스터 2N2222A, 다이오드 1N4004 각 1개
- 1μF 커패시터, 푸시버튼, 배터리 6~9V 각 1개
- 100 옴, 500 옴, 10K 옴 저항 각 1개

아두이노 핀에서 나오는 전력으로 LED를 켤 수 있고, 초소형 모터 정도는 구동시킬 수 있다. 아두이노 보드에서 최대로 사용할 수 있는 전류는 40mA이다. 전력으로 환산하면 5V×40mA=0.2 Watt이다. 소형 모터를 구동하기에도 모자라는 전력이다.

디지털 출력으로 모터를 컨트롤하려면 트랜지스터를 사용하여 보다 큰 전력을 모터에 공급하여야 한다. 트랜지스터는 아두이노에서 보내는 출력을 받아 작동하는 스위치 역할을 한다.

트랜지스터에 대하여 간략하게 설명하겠다. 트랜지스터에는 NPN 타입과 PNP 타입이 있다. 작동 내용은 같지만, 전극 연결 방향이 서로 반대이다. 여기에서는 가장 많이 쓰이고 있는 NPN 타입 트랜지스터를 사용하였다. 아래 그림에 있는 것과 같이 트랜지스터는 3개의 리드선이 있다. 컬렉터(C), 베이스(B), 에미터(E)라고 부른다. 심벌에서 보면 화살표가 원 바깥으로 나가는 방향으로 되어 있는 트랜지스터는 NPN 타입이다.

배터리 +전극을 C에, −전극을 E(에미터)에 연결한다. B에 아두이노 핀에서 나오는 출력을 연결하면 C에서 E로 전기가 흐르게 된다. 즉 베이스 B는 스위치 버튼이라고 생각하면 된다. (책 뒤쪽 Appendix 3 전자응용 편에 트랜지스터에 대해 상세하게 서술되어 있다.)

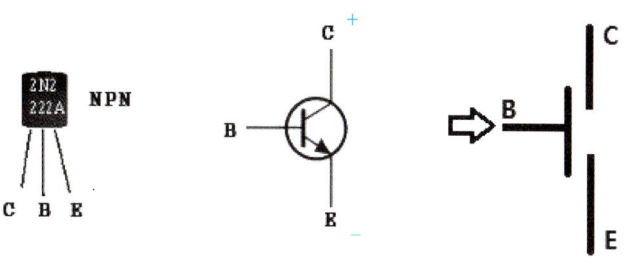

Transistor 스위치

아두이노 핀에서 나오는 출력은 저항을 통한 다음 트랜지스터의 B(베이스)에 입력시켜야 트랜지스터를 보호할 수 있다. C와 E 사이에 배터리를 직접 연결하면 과전류가 흘러 트랜지스터를 망가뜨릴 수 있다. 저항체를 중간에 사용하여야 한다.

모터의 회전자에는 코일이 감겨져 있다. 회전시키다 급작스럽게 정지시키면, 코일에서 역방향 전기가 발생하여 트랜지스터를 회손시킬 수 있다. 역방향으로 흐르는 전류를 차단하는 전자부품인 다이오드(D)를 사용해야 한다. 다이오드에는 +극과 −극이 있어 연결할 때 방향에 유의하여야 한다. 은색 띠를 두른 쪽이 −극이다. 다이오드에 대한 설명은 책 후반부 Appendix 3 전자응용 편에서 상세하게 설명하였다.

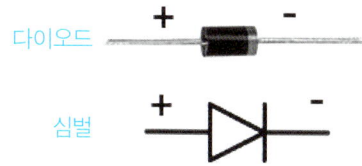

모터의 브러시에서 발생하는 노이즈를 필터링하기 위하여 커패시터(C)를 사용했다. 커패시터의 용량 단위는 패럿(F)이다. 1F은 전자공학에서 너무 큰 단위이다. 일반적으로 전자부품에는 백만분의 1인 μF과 억분의 1인 pF 용량 커패시터를 사용한다. 아래 그림 왼쪽은 무극성, 오른쪽은 극성 커패시터 그림이다. 커패시터도 후반부 Appendix 3 전자응용 편에서 상세하게 설명하였다.

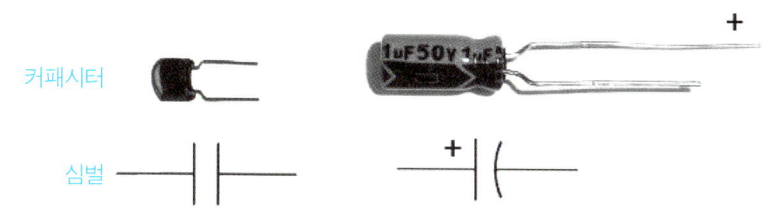

모터에 트랜지스터, 다이오드, 커패시터, 그리고 배터리를 연결한 그림이 오른쪽에 있다. 주목할 점은 다이오드의 -극이 배터리 +쪽에 연결되어 있다는 것이다. 이유는 역방향으로 전력이 흐르지 못하게 하는 역할을 맡았기 때문이다. 트랜지스터는 2N2222A를 사용했다. 이제 아두이노 핀을 HIGH로 만들면 모터가 힘 있게 회전하게 된다.

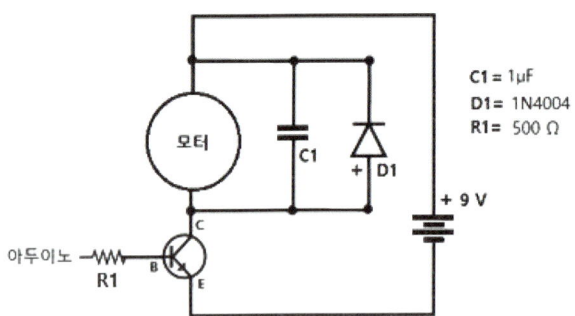

스케치

아두이노와 연결된 버튼 스위치를 누르면 모터가 회전되게 하는 스케치이다. 버튼 입력은 디지털 2번 핀에서 하도록 하고, 트랜지스터로 보내는 출력은 아두이노 9번 핀이 담당하는 것으로 하자.

```
// Motor ON/OFF with Transistor
const int switchPin = 2;
const int motorPin = 9 ;
int switchState = 0 ;

void setup() {
  pinMode(motorPin, OUTPUT) ;
  pinMode(switchPin, INPUT) ;
}

void loop() {
  switchState = digitalRead(switchPin) ;

  if ( switchState == HIGH) {
    digitalWrite(motorPin, HIGH) ;
  }
  else {
  digitalWrite(motorPin, LOW) ;
  }
}
```

하드웨어 연결

하드웨어 연결 그림이 아래에 있다. 10KΩ 저항은 버튼 스위치가 눌려져 있지 않은 상태일 때는 핀 2번에 항상 0V가 입력되도록 하기 위한 것이다. 100Ω 저항은 버튼 스위치가 눌러졌을 때 핀 2번으로 스파이크 등으로 인하여 너무 큰 전압이 갑자기 들어가는 것을 막는 역할을 한다. R1은 트랜지스터에 들어가는 전압을 조정하는 역할이다. 안전만을 위하여 너무 큰 저항을 사용하면 트랜지스터 베이스가 스위치 구실을 못하여 모터가 구동되지 않을 수 있다.

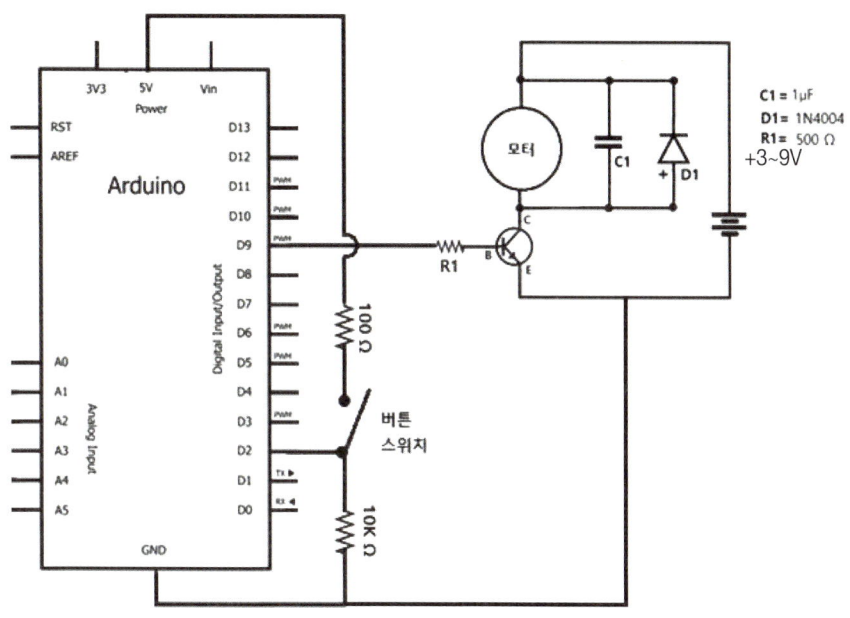

스케치를 컴파일하고, 업로드한다.

이제 스위치를 누르면 모터가 돌아가는 것을 확인할 수 있다. 만약 회로가 완벽한데도 모터가 구동되지 않는다면 공급하는 전압 차이 때문이므로 R1 저항 값을 조정하는 것이 좋다. 이어서 모터를 ON/OFF 하는 컨트롤에서 한 걸음 더 나아가 모터의 속도를 제어해 보자.

DC 모터 컨트롤: PWM 방식 속도 제어

속도 제어는 앞선 프로젝트에서 활용했던 PWM 방법을 이용하면 된다. LED 밝기 조정과 같은 방법으로 트랜지스터에 신호의 크기를 변화시키면 모터로 입력되는 전류를 조절할 수 있다.

트랜지스터는 두 가지 능력을 가지고 있다. 디지털 목적으로 사용할 때는 스위치 역할인 ON/OFF 기능을 한다. 또 다른 능력은 아날로그 증폭 기능이다. 트랜지스터 베이스에 가해지는 전류의 양에 따라 컬렉터에서 에미터로 흐르는 전류의 크기를 조절할 수 있는 기능도 있다. 오디오에 많이 사용하는 앰프는 트랜지스터의 이러한 아날로그적인 능력을 이용하는 것이다.

준비물
- 아두이노 우노 보드, 브레드 보드, DC 모터 각 1개
- 트랜지스터 2N2222A, 다이오드 1N4004 각 1개
- 1µF 커패시터, 배터리 6~9V 각 1개
- 푸시버튼, 500 옴 저항 각 1개

 스케치

아날로그 출력인 analogWrite(핀 번호, 정수값)을 사용한다. 출력을 내보내는 바구니 크기는 1바이트 즉 8비트이어서 $2^8=256$. 디지털 숫자는 0부터 시작하므로 범위는 0~255이다. 모터 속도를 정지 상태에서 시작하여 계속 속도를 올리고 최고점에 도달하면 반대로 계속 속도를 다운시키는 스케치를 작성해 보자. 바로 전에 사용했던 스케치를 조금 수정하면 된다.

```
// Motor Speed Control using PMW and Transistor
const int motorPin = 9 ;
void setup( ) {
  pinMode(motorPin, OUTPUT) ;
}

void loop( ) {
 for(int i=0; i<256; i++)
  {
```

```
    analogWrite(motorPin, i ) ;
    delay(10) ;
  }
  delay(2000) ;
for(int i=255; i>=0 ; i-- )
  {
  analogWrite(motorPin, i ) ;
   delay(10) ;
  }
    delay(2000) ;
  }
```

하드웨어 연결

하드웨어 연결은 앞 프로젝트에서 사용한 버튼이 있는 것을 그대로 사용해도 되지만 정확하게는 아래와 같다.

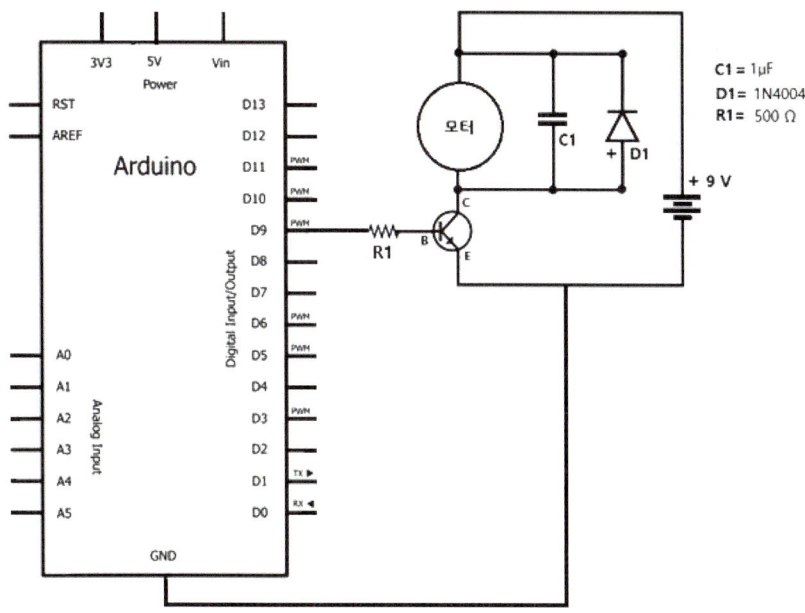

스케치를 컴파일하고 업로드한다. 모터 속도가 점진적으로 증가하다가 정점에 이르면 점차 감소하는 사이클을 반복하는 것을 볼 수 있다. 모터 용량에 따라 배터리를 9V가 아닌 6V, 3V 공급해도 된다. 배터리가 약하면 초기 토크가 적어 구동 시작할 힘이 모자랄 수 있다. 이때는 i값을 0이 아닌 좀 더 큰 숫자를 사용하면 된다.

3 DC 모터 컨트롤: 가변저항으로 속도 조절하기

앞 프로젝트에서는 소프트웨어에 의해 속도가 조절되었다. 이번에는 하드웨어인 가변저항을 사용하여 수동으로 속도를 조절하는 스케치를 작성해 보자.

준비물
- 아두이노 우노 보드, 브레드 보드, DC 모터 각 1개
- 트랜지스터 2N2222A, 다이오드 1N4004 각 1개
- 1μF 커패시터, 배터리 6~9V 각 1개
- 푸시버튼, 500 옴 저항, 10K 옴 가변저항 각 1개

스케치

아날로그 입력 핀은 10비트를 사용한다. 최대 사용가능한 정수 값은 2 ^ 10=1024에서 1을 뺀 1023이다. 가변저항기를 이용하여 아날로그 값을 읽고 트랜지스터로 PWM 출력을 내보내야 한다. PWM 디지털 출력 최대값은 255이므로 map( ) 함수를 사용하여 값을 변환시킨다.

```
// Motor Speed Contorl with Potentiometer
const int motorPin = 9 ;
int p_meter = 0 ;
int val = 0 ;
void setup() {
  pinMode(motorPin, OUTPUT) ;
}

void loop( ) {
val = analogRead(p_meter) ;
val= map(val, 0, 1023, 0, 255) ;
analogWrite(motorPin, val) ;
}
```

하드웨어 연결

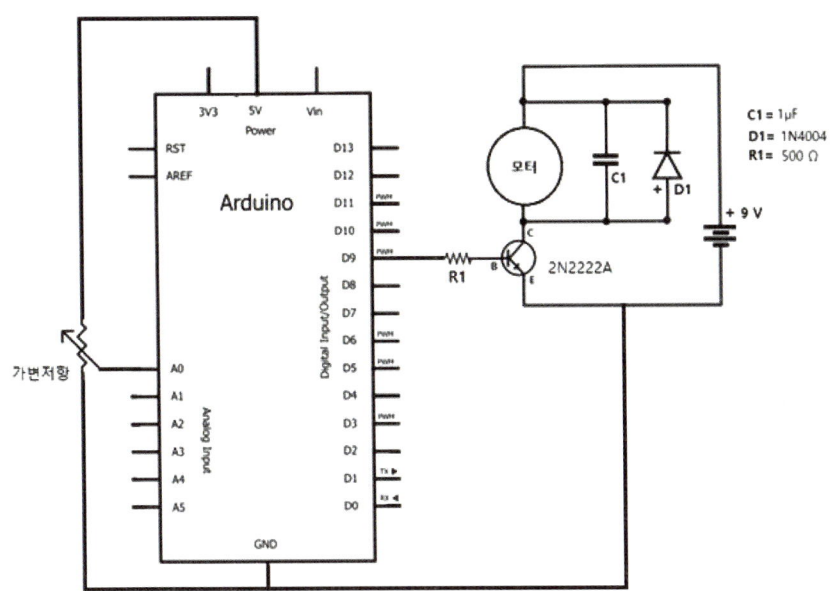

스케치를 컴파일하고, 업로드하자. 가변 저항을 돌리면 모터 속도가 변화하는 것을 볼 수 있다.
속도 조절까지 되었으니, 마지막 단계는 모터의 회전 방향을 컨트롤 하는 것이다.

4 DC 모터 컨트롤: 회전 방향 조정하기(H-브리지 IC 사용)

모터의 회전 방향을 바꾸려면, 아래 그림과 같이 연결하는 배터리의 +극과 −극을 서로 바꾸어 주어야 한다.

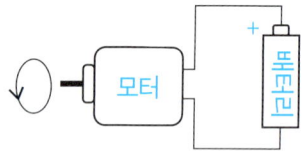 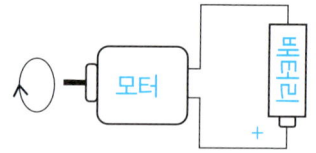

수동으로 배터리의 극을 반대로 연결하는 것은 쉽다. 그러나 자동으로 +와 −극을 바꾸려면 특수 목적으로 제작된 IC(일명 H 브리지)를 사용하여야 가능하다.

대표적인 H 브리지(H-Bridge) IC인 L293D는 중앙을 중심으로 각기 1대의 모터, 도합 2대의 모터를 동시에 컨트롤할 수 있다. 그림 왼쪽(핀1~8)에서 모터 하나, 오른쪽(핀 9~16)에서 모터 하나를 컨트롤한다.

준비물
- 아두이노 우노 보드, 브레드 보드, DC 모터 각 1개
- L293D, 배터리 6~9V 1개

우선 모터 1개를 컨트롤 해보자.

OUTPUT 1과 OUTPUT 2를 모터에 연결한다.

ENABLE 1은 아두이노 5V에 연결(5V가 되어야 IC는 모터를 구동하라는 신호로 인식)

INPUT 1 아두이노 디지털 핀과 연결(회전 방향 결정)

INPUT 2 아두이노 디지털 핀과 연결(회전 방향 결정)

Vcc1 외부 배터리 +극과 연결

GND(4,5번) 아두이노 GND와 외부 배터리 −극에 같이 연결.
설명한 연결을 회로도에서 보자.

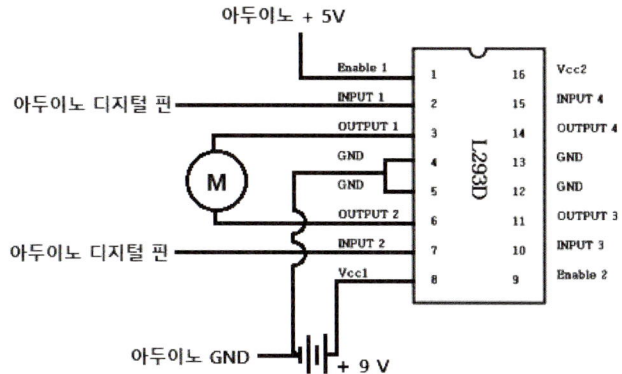

L293D 데이터 시트에서 발췌한 아래의 H 브리지 논리표 요약을 보자.

Enable(1번핀)	INPUT 1(2번핀)	INPUT 2(7번핀)	결과
HIGH	LOW	HIGH	우측으로 회전(Forward)
HIGH	HIGH	LOW	좌측으로 회전(Backward)
HIGH	LOW	LOW	정지 (STOP)

첫째, 1번 Enable 핀은 HIGH(5V)를 인가하여야 L293D가 작동하며 회전 방향을 바꿀 수 있다.

둘째, 우측으로 회전(Forward)시키려면 2번 핀에 LOW(0V)를 인가하고, 7번 핀에 HIGH(5V)를 인가하면 된다.

셋째, 좌측으로 회전(Backward)시키려면 위와 반대로 2번 핀을 HIGH로 하고 7번 핀을 LOW로 하여야 한다.

모터를 정지시키려면 INUT을 모두 LOW로 만들면 된다.

스케치

첫 프로젝트는 H-브리지 기능을 쉽게 이해하기 위하여 모터를 하나만 사용하기로 한다. L293의 핀 2번을 아두이노 5번에, L293 7번 핀을 아두이노 4번에 연결하여 모터 방향을 조정하자. 그리고 시리얼 모니터를 통해 실시간으로 모터 방향을 바꿀 수 있도록 하자. +를 입력하면 Forward 방향, −를 입력하면 Backward 방향이 되게 하자. 그 이외의 키를 누르면 STOP되게 한다.

```
// Motor Direction Control by H-Bridge
// Serial Input Controls Direction: + forward, - backward

const int input1 = 5 ;  // Arduino 5 to input1
const int input2 = 4 ;  // Arduino 4 to input2

void setup( )
{
 Serial.begin(9600) ;
pinMode(input1, OUTPUT) ;
pinMode(input2, OUTPUT) ;
 Serial.println(" + or – to set direction, anyother key stops mortor") ;
}

void loop( )
{
 if ( Serial.available( ) ) {
   char ch= Serial.read( ) ;
   if (ch == '+')
   {
   Serial.print("forward") ;
   digitalWrite(input1, LOW) ;
   digitalWrite(input2, HIGH) ;
   }
  else if ( ch == '-')
   {
   Serial.println("backward") ;
   digitalWrite(input1, HIGH) ;
   digitalWrite(input2, LOW) ;
}
else
{
   Serial.println("STOP !!!") ;
   digitalWrite(input1, LOW) ;
   digitalWrite(input2, LOW) ;
   }
  }
}
```

하드웨어 연결

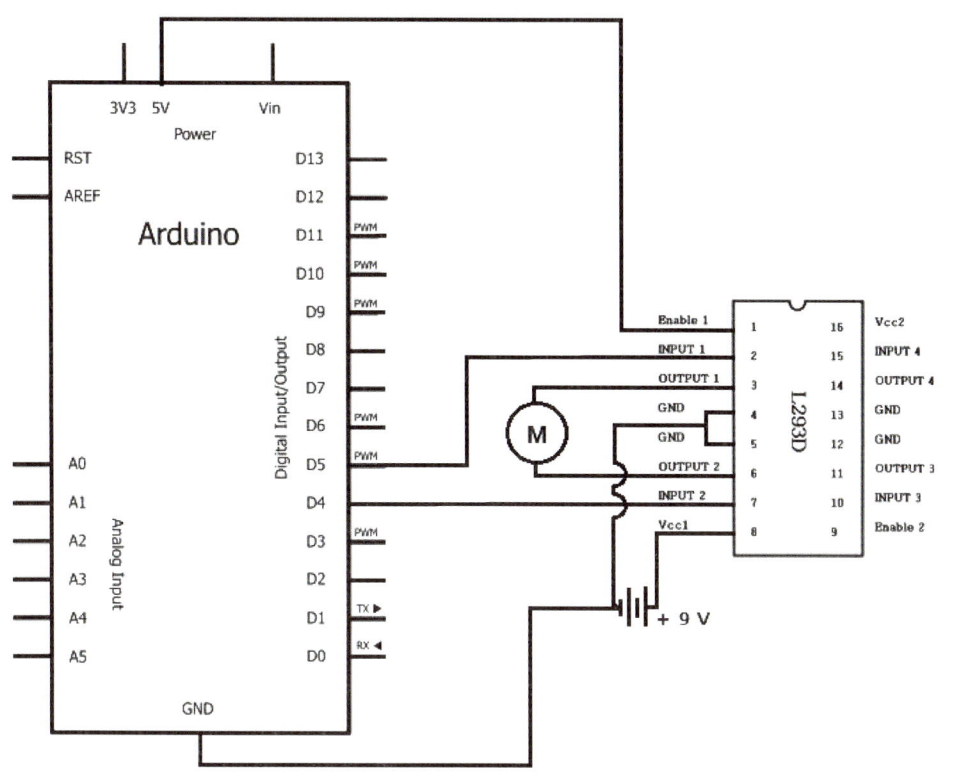

스케치를 컴파일하고 업로드시키자. IDE에서 시리얼 모니터를 오픈한다. 모니터 입력 창에서 +를 입력하면 모터가 우측으로 회전한다. −를 입력하면 좌측으로 회전한다. +, − 이외에 다른 키를 입력하면 정지한다. (방향은 연결에 따라 반대가 될 수도 있다).

H 브리지 설명

아래의 그림을 보면 가운데 M이라고 쓰인 모터를 중심으로 H 형태로 전원을 연결한다고 하여 H 브리지라고 불리는 것이다. (9V 모터를 사용할 때의 예)

H 브리지 그림 가장 왼쪽에 있는 중립 상태는 모터(M)에 전원이 연결되지 않은 상태이다. 전진 방향으로 회전시키려면 모터 왼쪽 단자에 +9V 극을 연결하고, 우측 아래에 있는 단자에 GND 극을 하면 된다. GND는 배터리의 경우 −극이다.

이제 반대로 후진시키려면 아래 왼쪽 단자에는 GND, 위쪽 우측 단자에는 +9V를 연결하면 된다. 모터를 정지시키려면 아래 양쪽 단자에 GND를 연결하면 된다.

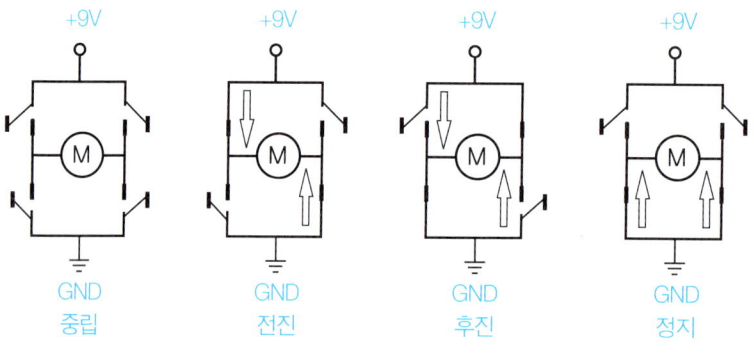

H브리지 전원 입력 방향

DC 모터 컨트롤: L293D 사용 속도와 회전 방향 조정하기

DC 모터 컨트롤의 완결판은 여러 개의 모터를 사용하고, 각 모터의 속도와 방향을 컨트롤 하는 것이다. 모터 2개를 사용하여 각 모터의 속도와 방향을 제어하도록 한다. 앞 프로젝트에서 사용하지 않았던 L293D의 우측 부분을 같이 사용하면 된다.

준비물
- 아두이노 우노 보드, 브레드 보드, 각 1개
- DC 모터 2개, L293D 1개, 배터리 6~9V 1개
- CDS 센서 2개, 10K 옴 저항 2개

하드웨어 연결

아래에 하드웨어 연결 회로도가 있다.

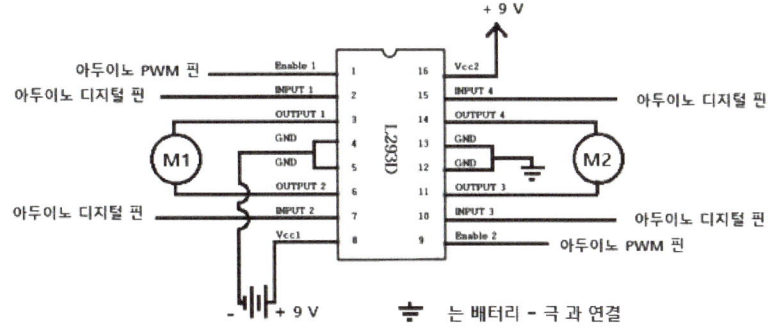

새롭게 추가된 연결 중에 특이 사항은 L293 1번 핀(Enable)과 9번 핀(Enable)이다. 앞에 있는 프로젝트에서는 Enable 핀을 항상 활성화시키기 위하여 아두이노 전원 5V에 연결하여 언제나 HIGH인 상태를 유지시킨 것이었다. 그러나 속도를 제어하려면 Enable 핀을 analogWrite( ) 기능을 가진 디지털 PWM 핀에 연결해야 한다.
하드웨어 연결을 마치고 스케치를 작성하자.

광 센서에 들어오는 빛의 양에 따라 모터의 속도를 변화시키는 하드웨어를 구성하자. 모터가 2개이므로 광 센서도 2개 사용한다. 광 센서는 빛의 밝기에 따라 저항이 변한다. 광 센서에 추가 저항을 연결하여 전압을 분배한 후에 아두이노에 아날로그 신호로 입력시킨다. 아두이노와 광 센서 2개를 연결한 회로도가 아래에 있다.

M1 모터를 컨트롤하기 위하여, 속도 조절용인 Enable 1 핀을 아두이노 디지털 5번(PWM 핀)에 연결하고, 방향 컨트롤하기 위하여 input 1 핀을 아두이노 7 번에, input 2 핀을 아두이노 4번에 연결한다.

M2 모터를 컨트롤하기 위하여, 속도 조절용인 Enable 2 핀을 아두이노 디지털 6번(PWM 핀)에 연결하고, 방향 컨트롤하기 위하여 input 3 핀을 아두이노 3번에, input 4 핀을 아두이노 2번에 연결한다.

M1 모터는 output 1과 2에, M2 모터는 output 3와 4에 연결한다. 전체 연결을 아래 회로도에 표시하였다.

이 책에서 가장 현란한 회로도를 지금 보고 있다. 회로 연결을 마스터해 보는 프로젝트이다.

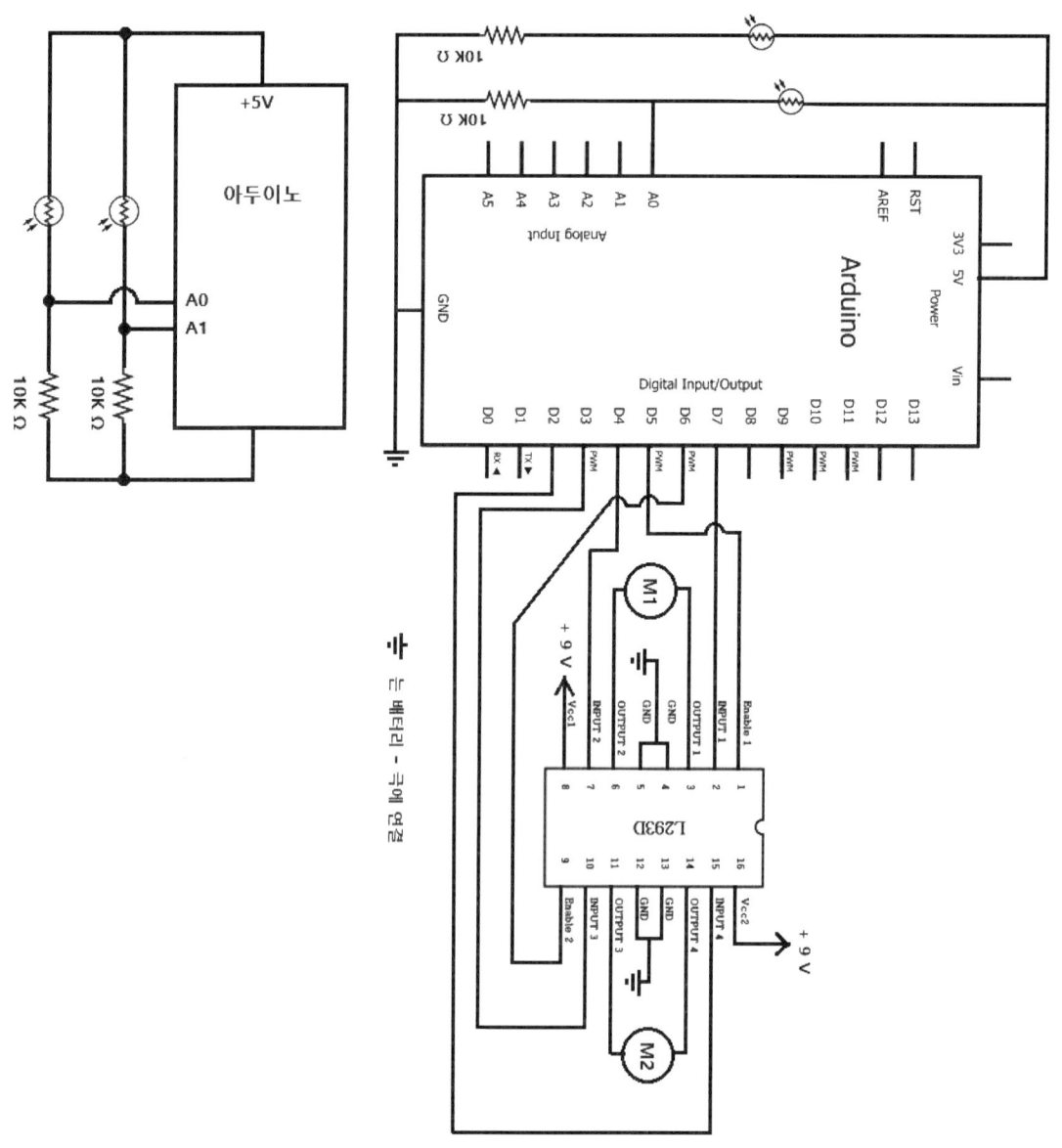

 스케치

```
// DC Motor, H-Bridge, Speed and Direction
int leftPins[ ] = {5,7,4} ;      // Left side Mortor
int rightPins[ ] = {6,3,2} ;     // Right side Mortor
const int MIN_PWM = 64 ;      // Minimum Speed to move DIY Car
const int MAX_PWM = 255 ;     // Maximum Speed of Car
const int leftSensorPin = A0 ;     // Left sise Sensor
const int rightSensorPin = A1 ;      // Right side Sensor

int sensorThreshold = 0 ;         // Minimum Light to car move

 void setup( )
{
  for ( int i=1; i < 3; i++ )
  {
    pinMode(leftPins[i], OUTPUT) ; // for input 1 and input 2
    pinMode(rightPins[i], OUTPUT ) ; // for input 3and input 4
  }
}

 void dirSpeed(int pins[], int Speed )
{
  if (Speed < 0 )
  {
    digitalWrite(pins[1], HIGH) ;
    digitalWrite(pins[2], LOW) ;
    Speed = - Speed ;
  }
  else
  {
    digitalWrite(pins[1], LOW) ;
    digitalWrite(pins[2], HIGH) ;
  }
  analogWrite(pins[0], Speed) ;
}

 void loop( )
{
  int leftVal = analogRead(leftSensorPin) ;
  int rightVal = analogRead(rightSensorPin) ;
```

```
 if (sensorThreshold ==0)
{
sensorThreshold = ( ( leftVal + rightVal ) /2 ) + 100 ; // put 100 for safe range
}

 if ( leftVal >sensorThreshold || rightVal > sensorThreshold )
 {
   dirSpeed (rightPins, map(rightVal, 0, 1023, MIN_PWM, MAX_PWM ) ) ;
   dirSpeed (leftPins, map(leftVal, 0, 1023, MIN_PWM, MAX_PWM ) ) ;
 }
}
```

스케치 분석

- **MIN_PWM = 64;**   64를 사용한 이유는 모터를 회전시키기 위한 임의의 최소 토크 값이다.
- **for (int i=1; i < 3; i++);** 는 i=1, 그리고 i=2일 때만 leftPins[i],과 rightPins[i] 값을 OUTPUT으로 만들고, [0]와 연결된 2개의 핀은 analogWrite을 위한 핀이기 때문에 그대로 둔다. 즉 모터 속도 컨트롤 PWM을 내보내는 핀이다.
- **sensorThreshold = ((leftVal + rightVal) /2) + 100;**   100을 추가한 이유는 충분한 값을 만들어 주기 위한 임의의 숫자이다. 손전등을 사용하여 광 센서를 비춰 보면서 임의의 값을 조정하자.

스케치를 컴파일하고, 업로드하자. 광센서 위에서 물체로 빛의 양을 변화시키면, 모터의 속도가 변하는 것을 볼 수 있다.

서보 모터, 스테핑 모터 컨트롤

서보 모터는 일정한 각도로 회전시킬 때 사용하는 모터이다. DC 모터에 기어를 장착하여 회전시키는 구조이어서 DC 모터와 비교하여 회전 속도는 느리지만 토크는 크다. 회전된 각도를 감지하기 위하여 일종의 포텐시오 미터가 회전축에 연결되어 있다. 자동차 진행 방향 컨트롤, 도어록 개폐, 로봇 팔 제어, 비행기 날개 제어 등에 사용되고 있다. 일반적으로 서보 모터는 0°~180° 사이의 각도에서 움직인다. 움직이는 각도는 PWM을 사용하여 컨트롤 한다.

서보 모터

서보 모터에는 +와 - 이외에 시그널 핀이 있다. 일반적으로 빨간색은 +, 검정색은 -, 시그널 선은 주황색 또는 흰색이다. 초소형 서보 모터는 아두이노에서 나오는 전력으로 구동할 수 있지만, DC 모터 프로젝트에서처럼 파워 있는 동작을 원하면 외부 배터리를 사용하는 것이 좋다. 서보 모터는 5V 사용으로 만들어진 것이 많기 때문에 반드시 사용 전압 점검이 필요하다.

스테핑 모터는 정밀 컨트롤 모터이다. 한번에 1° 내외의 작은 각도로 회전할 수 있는 능력을 활용하여 3D 프린터, 수술용 로봇을 비롯한 고가의 정밀 장비에 사용되고 있다.

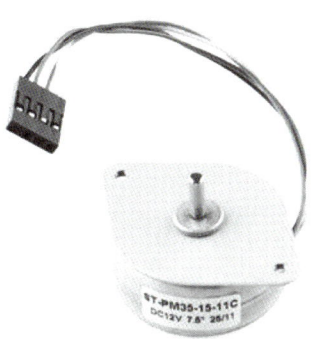

스테핑 모터

서보 모터: 기본 스케치

서보 모터의 회전 각도를 조절하는 아두이노 예제 스케치를 사용해 보자. 아두이노 IDE 스케치를 활성화시키고 다음과 같은 순서로 소프트웨어를 불러오자. 파일 ⇒ 예제 ⇒ Servo ⇒ Sweep

준비물
- 아두이노 우노 보드, 브레드 보드, 각 1개
- 서보 모터 1개, 300μF 커패시터 1개

 스케치

```
// Sweep
// by BARRAGAN <http://barraganstudio.com>
// This example code is in the public domain.

#include <Servo.h>

Servo myservo;  // create servo object to control a servo
                // a maximum of eight servo objects can be created

int pos = 0;    // variable to store the servo position

void setup()
{
  myservo.attach(9);  // attaches the servo on pin 9 to the servo object
}

void loop()
{
  for(pos = 0; pos < 180; pos += 1)  // goes from 0 degrees to 180 degrees
  {                                  // in steps of 1 degree
    myservo.write(pos);              // tell servo to go to position in variable 'pos'
    delay(15);                       // waits 15ms for the servo to reach the position
  }
```

```
  for(pos = 180; pos>=1; pos-=1)    // goes from 180 degrees to 0 degrees
  {
    myservo.write(pos);             // tell servo to go to position in variable 'pos'
    delay(15);                      // waits 15ms for the servo to reach the position
  }
}
```

스케치 분석

- 스케치 첫 문장에서 〈Servo.h〉라는 라이브러리 함수를 정의한다. 그다음에 라이브러리 이름과 같은 Servo를 부르고 myservo라는 이름을 부여한다. myservo 대신에 myservo1이나 다른 이름을 임의로 부여해 주어도 된다.
- **myservo.attach(9);** 서보모터의 시그널 라인이 아두이노 9번 핀에 연결(attach)되어 있다고 알려주는 명령어이다.
- **myservo.write(pos);** 서보모터를 pos라는 값만큼 회전하라는 명령이다.
- loop에서는 1°씩 움직여서 180°까지 회전하고, 다시 1°씩 반대로 움직여서 0°인 위치까지 돌아오는 작업을 반복하라고 하고 있다.

하드웨어 연결

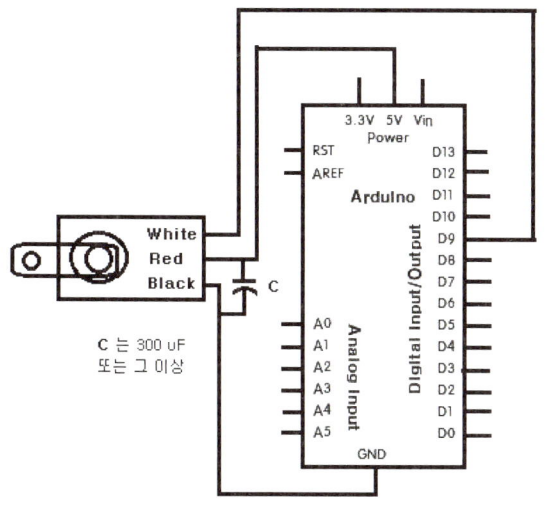

여기에서 300uF 커패시터를 사용한 이유는 커패시터에 저장된 에너지를 스타트할 때 순간적으로 모터에 이동시켜 초기 토크를 크게 하려고 한 것이다. 더 큰 커패시터를 사용해도 무방하다. 커패시터가 크면 에너지를 저장하는 시간이 그만큼 더 필요하여 약간의 타임 딜레이가 발생할 수 있다. 사이즈가 큰 서보 모터를 사용하려면 DC 모터 설명에 있는 것과 같은 외부 전원을 사용해야 한다.

스케치를 컴파일하고 업로드 하면 서보모터가 우측에서 좌측, 좌측에서 우측으로 움직이는 것을 볼 수 있다.

7 서보 모터: 포텐시오 미터로 각도 컨트롤하기

이번에는 포텐시오 미터를 사용하여 서보 모터의 각도를 변화시키는 프로젝트를 해보자. A0 핀에서 포텐시오 미터를 읽는 것으로 하자.

준비물
- 아두이노 우노 보드, 브레드 보드, 각 1개
- 서보 모터 1개, 300μF 커패시터 1개, 10K 옴 가변저항 1개

스케치

```
// Servo motor control with potentiometer

#include <Servo.h>
Servo myservo;

int potpin = A0;  // potentiometer connected pin
int val;   //  value from the A0 analog pin
void setup()
{
myservo.attach(9); // Servo motor is connected to pin 9
}
void loop()
{
val = analogRead(potpin); // reads the potentiometer (0 ~ 1023)
val = map(val, 0, 1023, 0, 179); // Re-scale it to use with the servo (0 ~ 180°)
myservo.write(val);  // sets servo position according to the scaled value
delay(15);  // waits for the servo to get there
}
```

스케치 분석

- ■ **myservo;** Servo 라이브러리 함수를 사용하기 위하여 임의로 부여한 이름.
- ■ **myservo.attach();** 서보 모터가 연결된 핀을 알려준다. myservo.write(위치)으로 컨트롤한다.

하드웨어 연결

하드웨어 연결은 아래와 같다.

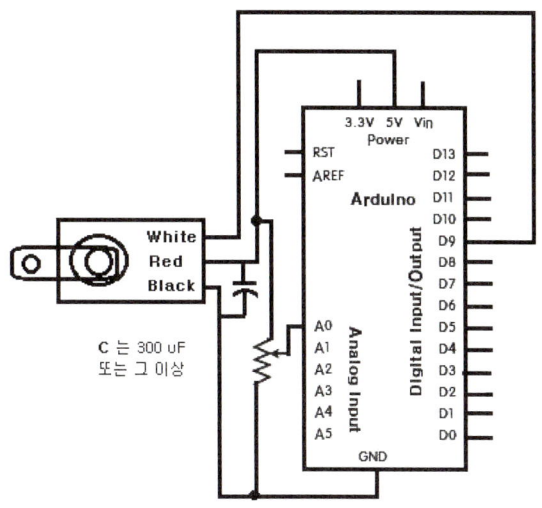

스케치를 컴파일하고 업로드하자.

포텐시오 미터를 좌우로 돌려보자. 서보 모터가 회전하는 것을 볼 수 있다.

서보 모터: 제3의 라이브러리를 사용 회전 속도 컨트롤하기

앞에 있는 두 개 프로젝트에서는 IDE에 있는 라이브러리를 사용했기 때문에 서보 모터의 회전 속도를 컨트롤할 수 없었다. 큰 도서관인 github에 가면 무료로 매우 다양한 라이브러리를 다운로드 받을 수 있다. 서보 모터 회전 속도를 컨트롤 할 수 있는 라이브러리를 다운받자.

웹에서 다음과 같이 입력하면 https://github.com/netlabtoolkit/VarSpeedServo .

아래와 같은 VarSpeedServo 화면이 나온다. 우측 하단에 있는 DownLoad ZIP를 클릭하여 컴퓨터에 다운로드한다.

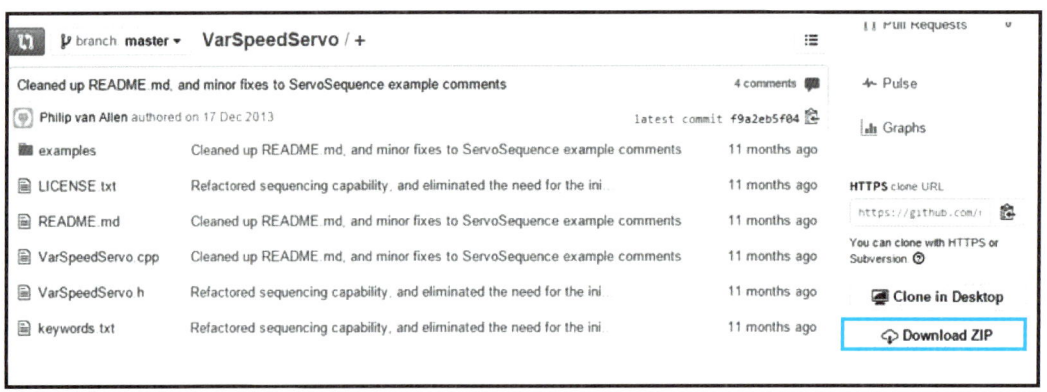

ZIP 파일을 풀면 VarSpeedServo-master라는 폴더가 생성된다. 아두이노는 파일 이름에서 마이너스 표시 −를 인식할 수 없기 때문에 폴더 이름을 VarSpeedServo로 바꾼다. 이 새로운 폴더를 아두이노 IDE의 libraries로 이동시킨다. 이것으로 외부에서 만든 라이브러리가 내 아두이노 스케치에 장착되었다. 이제 열려 있는 스케치 창을 닫고 새로 열고 파일 메뉴에서 라이브러리 가져오기를 보면 VarSpeedServo가 생성된 것을 확인할 수 있다. 새로 입수한 폴더에 Sweep라는 이름의 예제 프로그램 스케치가 있다.

준비물
- 아두이노 우노 보드, 브레드 보드, 각 1개
- 서보 모터 1개, 300μF 커패시터 1개

스케치

아두이노 스케치 창에서 파일 ⇒ 예제 ⇒ VarSpeedServo ⇒ Sweep을 클릭하면 아래와 같은 스케치가 열린다.

```
// Servo motor speed control using <VarSpeedServo> library


#include <VarSpeedServo.h>

VarSpeedServo myservo;  // myservo name is given

const int servoPin = 9; // the digital pin used for the servo

void setup() {
  myservo.attach(servoPin);  // attaches the servo motor on pin 9
  myservo.write(0,255,true); // set ( intial position, speed, wait until done)
}

void loop() {
   myservo.write(180,255,true);       // move the servo to 180, max speed 255, wait until done
   myservo.write(0,30,true);          // move the servo to 0, slow speed 30, wait until done
}
```

스케치 분석

■ VarSpeedServo라는 라이브러리를 사용했다. myservo는 임의로 작명한 이름. myservo.attach()는 서보모터가 연결된 핀을 알려준다. myservo.write(초기위치, 속도, 마칠 때까지)으로 컨트롤 한다.

하드웨어 연결

하드웨어 연결은 앞에서 사용한 프로젝트와 유사하다.

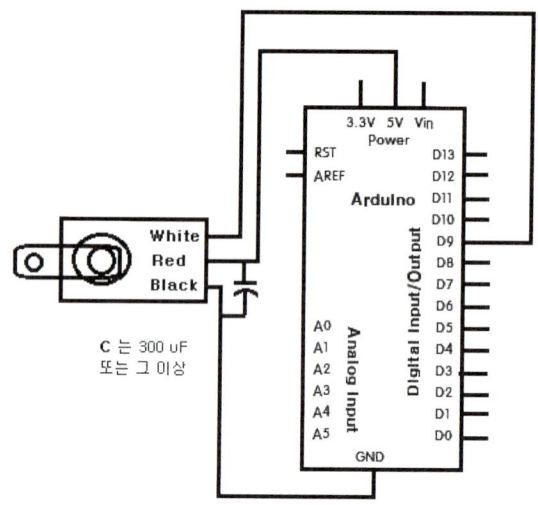

스케치를 컴파일하고 업로드하면 서보 모터가 빠르게 회전하다가 천천히 회전하는 것을 볼 수 있다.

9 스테핑 모터 컨트롤: L293D 사용

권선도

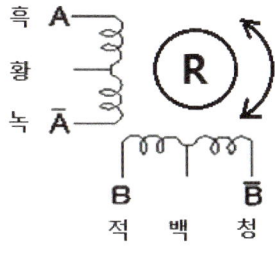

앞에 설명한 어느 모터보다 정밀하게 회전 각도를 조절할 수 있는 모터이다. 3D 프린터, CNC 밀링 머신을 비롯한 여러 분야에 활용되고 있다. 구동 원리는 회전축에 영구 자석이 있고 모터 본체에 자기장을 만드는 코일들이 간격을 두고 감겨져 있다. 왼쪽 그림에서 보는 것과 같이 코일에 들어가는 전류의 방향을 바꾸면서 회전축에 있는 영구 자석이 회전하도록 되어 있다.

실제로는 코일이 위쪽과 우측에도 있다. 미세한 회전각을 만들기 위하여 코일을 8개 또는 그 이상 사용하기도 한다. 4가닥의 연결선이 있는 유니폴라(Unipolar) 스텝 모터의 권선을 파악하려면 멀티 미터를 사용하면 된다. 한 가닥 선을 멀티 미터에 연결하고 나머지 세 가닥 선을 미터의 다른 쪽에 연결하여 저항을 테스트하면 어느 선이 한 쌍인지 파악할 수 있다. 바이폴라 스텝모터는 각 권선을 둘로 나누어 사용 좀 더 세밀한 각도로 회전하게 만든 것이다. 각 권선 중간 지점에서 연결 라인을 하나 더 만든 것이다. 아래에 권선도가 나와 있다. 바이폴라인 경우 연결 가닥선이 5개 또는 6개가 된다. 5개인 경우는 com 부분을 내부에서 하나로 연결했기 때문에 외부에는 한 가닥만 내보낸 것이다. 바이폴라 모터에서 내부 권선을 알아보려면 멀티 미터를 사용하여 연결된 권선을 파악하고 저항 차이로 com인지 끝단인지를 파악하면 된다.

Unipolar

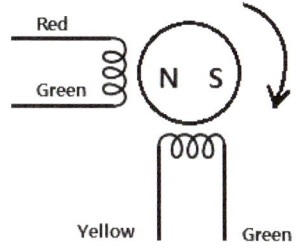

Bipolar

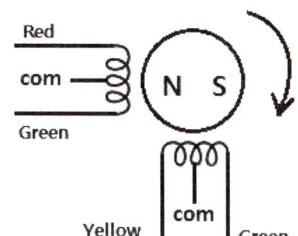

준비물
- 아두이노 우노 보드, 브레드 보드, 각 1개
- 스테핑 모터 1개, L293D 1개, 배터리 6V~9V 1개

171

스케치

아두이노 예제에 있는 스텝 모터 스케치를 사용했다.

IDE에서 파일 ⇒ 예제⇒ Stepper ⇒ stepper_oneRevolution을 오픈한다.

```
// Stepper Motor Control :motor to digital pins 8 - 11 of the Arduino.
//   one revolution in one direction each direction

#include <Stepper.h>

const int stepsPerRevolution = 200;  // change this to steps per revolution for your mortor

Stepper myStepper(stepsPerRevolution, 8,9,10,11);  // pin 8~11

void setup( ) {
myStepper.setSpeed(60); // set the speed at 60 rpm:

Serial.begin(9600);
}

void loop() {

 Serial.println("clockwise");
 myStepper.step(stepsPerRevolution); // step one revolution  in one direction
 delay(500);

 Serial.println("counterclockwise");
 myStepper.step(-stepsPerRevolution); // step one revolution in the other direction
 delay(500);
}
```

스케치 분석

- 스텝 모터는 사양에 따라 한 번에 움직이는 각도가 다르다. 많은 스텝으로 한 바퀴 회전이 이루어지는 모터가 정밀도가 높은 고가품이다. 스케치에는 stepsPerRevolution = 200으로 200 스텝으로 1회전을 하는 모터를 예시로 적어 놓았다. 독자가 사용하는 모터 사양을 확인하여 이 수치를 조정해야 한다.

- **myStepper(stepsPerRevolution, 8,9,10,11);** 1회전에 필요한 스텝수와 모터가 연결된 아두이노 핀 번호를 입력해 준다. 라이브러리 함수 myStepper.setSpeed(60)에 의해 모터 속도는 분당 60회전으로 하라는 명령이다.

하드웨어 연결

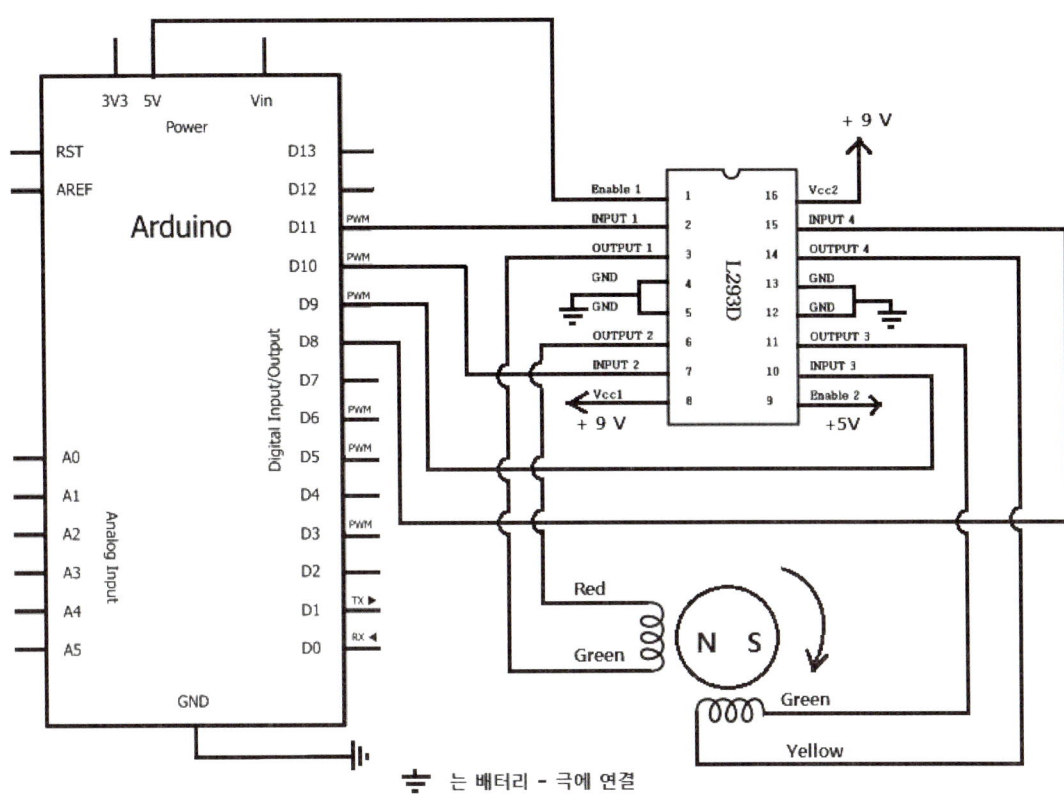

는 배터리 - 극에 연결

스케치를 컴파일하고 업로드하면 시계 방향으로 1회전, 그리고 0.5초 delay, 반대 방향으로 1회전 다시 delay 0.5초를 반복하는 것을 볼 수 있다.

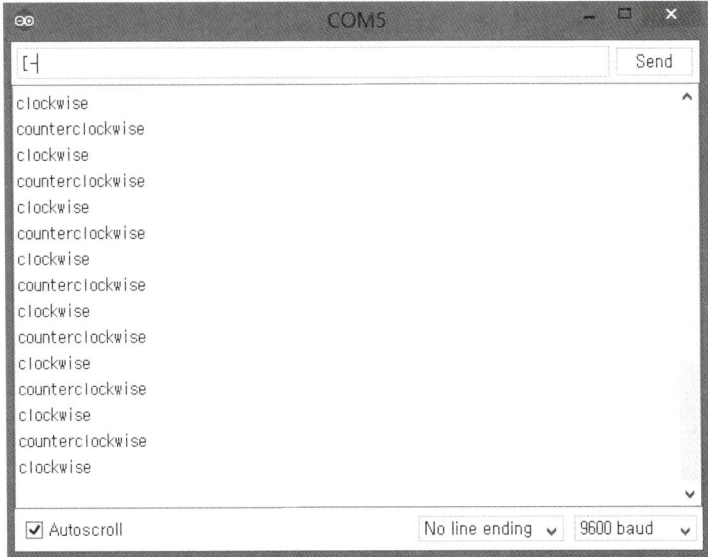

드라이버 쉴드 사용: DC 모터, 서보 모터, 스태핑 모터 컨트롤

앞에서는 IC 칩으로 모터를 컨트롤 하는 방법을 사용했다. 모터 컨트롤 하는 가장 간편한 방법은 IC와 필요 부품들을 한꺼번에 구성하여 하나로 만든 모터 드라이버 쉴드를 사용하는 것이다. 앞 프로젝트에서 사용한 L293D IC가 2개 장착된 adafruit 사의 'Adafruit Motor Shield'를 사용했다. 독자의 취향에 따라 여러 종류의 쉴드 중에서 어느 것을 선택해도 작동 방법은 매우 유사하다.

사용하는 드라이버 쉴드는 4개의 DC모터, 서보 모터, 2개의 스텝 모터를 연결할 수 있도록 되어 있다. 물론 동시에 모든 종류의 모터를 한꺼번에 연결할 수 있는 것은 아니다. 모터를 강력하게 구동시키기 위하여 5~25V 외부 전력을 연결하여 사용할 수 있다. 이 섹션에서는 쉴드를 활용하여 DC 모터, 서브 모터, 스텝 모터 컨트롤 하는 방법을 순차적으로 설명하였다.

드라이버 쉴드를 사용하기 위하여 첫 번째로 해야 할 일은 라이브러리를 다운로드해야 한다. 사이트는 https://github.com/adafruit/Adafruit-Motor-Shield-library이다. 압축 파일을 풀고 Arduino의 libraries 파일 안에 AFMotors란 파일 이름으로 가져다 놓으면 된다.

DC 모터 컨트롤: 쉴드 사용

모터 쉴드를 사용하여 DC 모터의 전진, 후진, 정지를 테스트해 보자.
쉴드의 왼쪽에 M1, M2 오른쪽에 M3, M4로 표시된 DC 모터 커넥터가 타원형으로 표시된 장소 안에 위치해 있다. 이 프로젝트는 모터를 M1에 하나만 연결하고 9V 외부 배터리를 사용하자.

준비물
- 아두이노 우노 보드, 브레드 보드, 각 1개
- DC 모터 1개, 모터쉴드 1개,
  배터리 6V~9V 1개

스케치

전진, 후진, 정지를 반복하는 스케치를 작성하자.

```
#include <AFMotor.h>

AF_DCMotor motor(1, MOTOR12_64KHZ); // create motor #2, 64KHz pwm

void setup() {
  Serial.begin(9600);        // set up Serial library at 9600 bps
  Serial.println("Motor test!");

  motor.setSpeed(200);       // set the speed to 200/255
}

void loop() {
  Serial.print("tick");

  motor.run(FORWARD);        // turn it on going forward
```

```
    delay(1000);

    Serial.print("tock");
    motor.run(BACKWARD);    // the other way
    delay(1000);

    Serial.print("tack");
    motor.run(RELEASE);     // stopped
    delay(1000);
}
```

스케치 분석

■ 라이브러리를 사용하기 위하여 #include 〈AFMotor.h〉을 스케치 서두에 놓았다.

■ **AF_DCMotor motor**(모터 번호, 주파수)는 모터를 선택하고 속도를 컨트롤 하는 라이브러리 함수이다. 모터 번호는 M1 커넥터를 사용하면 1, M2는 2와 같이 커텍터에 있는 숫자이다. 사용 가능한 주파수는 핀에 따라 다르다. 주파수는 모터 속도를 컨트롤하기 위한 것이다. 1번과 2번 모터는 4개의 주파수 중에서 선택할 수 있다(MOTOR12_64KHZ, MOTOR12_8KHZ, MOTOR12_2KHZ, or MOTOR12_1KHZ).

■ 3, 4번 모터는 1KHZ만 사용할 수 있다. 위의 스케치는 가장 빠른 MOTOR12_64KHZ를 사용했다.

■ 모터의 속도를 지정할 수 있다. 최소 0(정지)에서 최대255까지이다. motor.setSpeed(200)는 비교적 고속인 200을 사용했다.

■ **motor.run** 방향을 전진(FORWARD), 후진(BACKWARD), 정지(RELEASE)의 명령을 줄 수 있다.

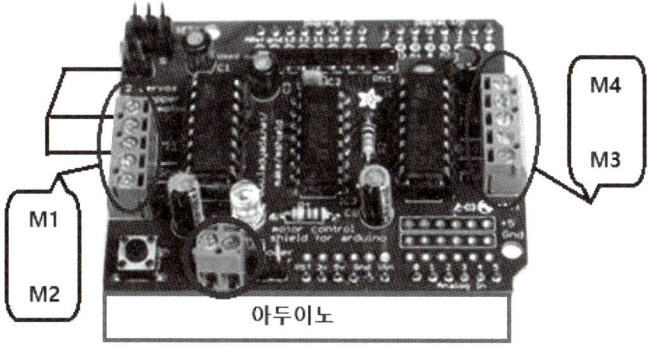

하드웨어 연결

쉴드를 아두이노 보드 위에 장착시킨다. 핀 배열이 일치하는 위치에 놓고 눌러주면 쉴드와 아두이노 보드가 하나로 체결된다.

DC 모터를 M1 커넥터에 연결한다. AF_DCMotor motor(1, MOTOR12_64KHZ)에서 1번 모터 커넥터를 사용하는 것으로 스케치가 작성되었다. 전원 커넥터에 배터리 또는 어댑터 전원을 연결한다.

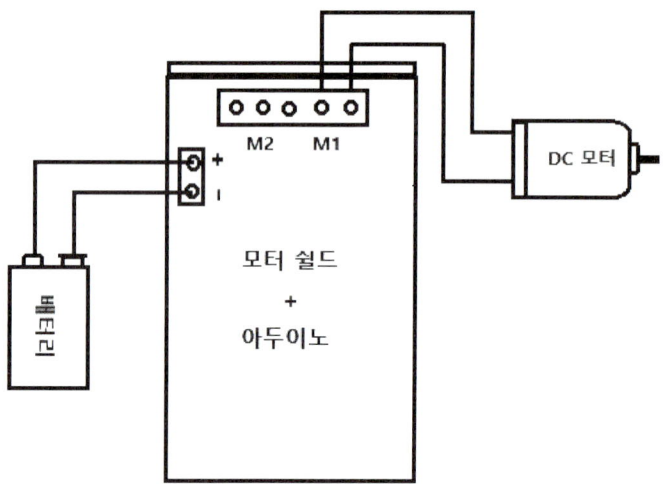

스케치를 컴파일하고, 업로드한다. 모터가 전진, 후진, 정지를 반복하는 것을 볼 수 있다. 시리얼 모니터에는 다음과 같은 메시지가 프린트된다.

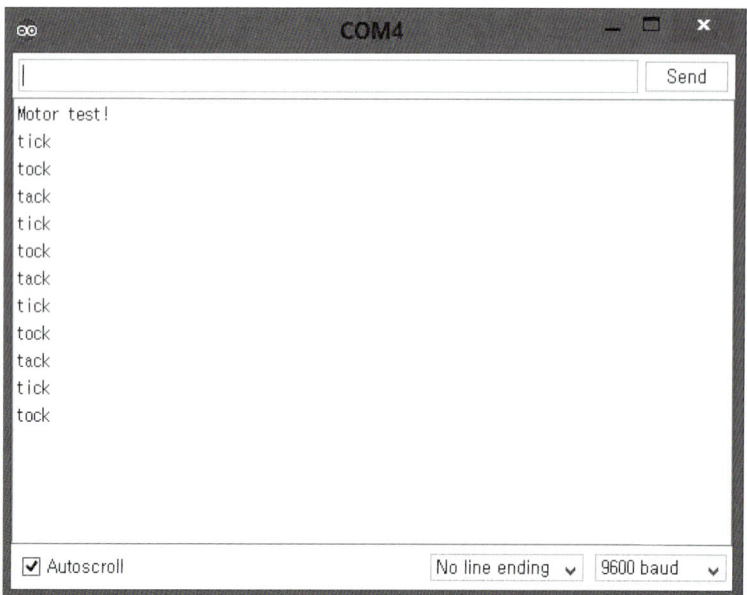

11 서보 모터 컨트롤: 쉴드 사용

서보 모터 컨트롤은 쉽다. 신호를 보내주기만 하면 서보 모터는 주어진 각도로 회전한다.

준비물
- 아두이노 우노 보드, 브레드 보드, 각 1개
- 서보 모터 1개, 모터쉴드 1개, 배터리 6V~9V 1개

 ## 스케치

프로젝트는 아두이노 IDE에 있는 예제 스케치를 사용했다.
IDE를 오픈하고, 파일 ⇒ 예제 ⇒ Servo-Sweep을 선택하면 아래와 같은 스케치가 열린다.

```
// Servo Motor : Sweep

#include <Servo.h>

 Servo myservo;  // create servo object to control a servo

int pos = 0;    // variable to store the servo position

void setup( )
{
  myservo.attach(9);  // attaches the servo on pin 9 to the servo object
}

void loop( )
{
  for(pos = 0; pos < 180; pos += 1)  // goes from 0 degrees to 180 degrees
  {                      // in steps of 1 degree
    myservo.write(pos);          // tell servo to go to position in variable 'pos'
    delay(15);
  }
  for(pos = 180; pos>=1; pos-=1)    // goes from 180 degrees to 0 degrees
  {
```

```
      myservo.write(pos);        // tell servo to go to position in variable 'pos'
      delay(15);
   }
}
```

스케치 분석

■ 라이브러리를 사용하기 위하여 스케치 맨 앞에 #include <Servo.h>를 놓았다.

■ 라이브러리 함수를 사용하기 위하여 myservo라는 이름을 Servo myservo에서 부여했다.

■ 서보 모터가 연결된 핀은 9번이라고 myservo.attach(9)에서 알려 주고 있다.

■ **pos += 1** pos=pos+1과 같다. 즉 루프를 돌 때마다 pos에 있는 값이 1씩 증가하게 된다. 서모모터가 움직일 각도를 명령하는 myservo.write(pos)로 pos 값 각도만큼 회전한다.

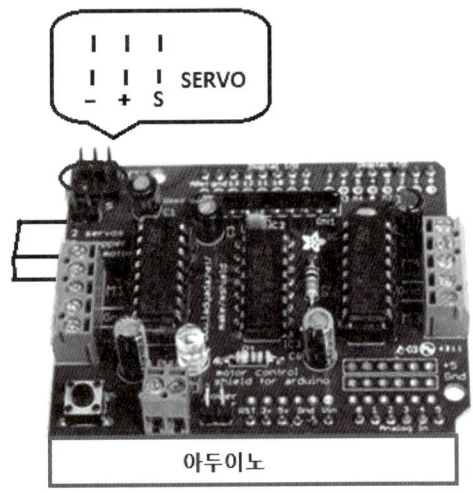

하드웨어 연결

위에 있는 사진에서 반원 표시된 부분이 서로 연결 커넥터이다. 서보 모터 pulse와 쉴드의 S를 서로 연결하면 된다.

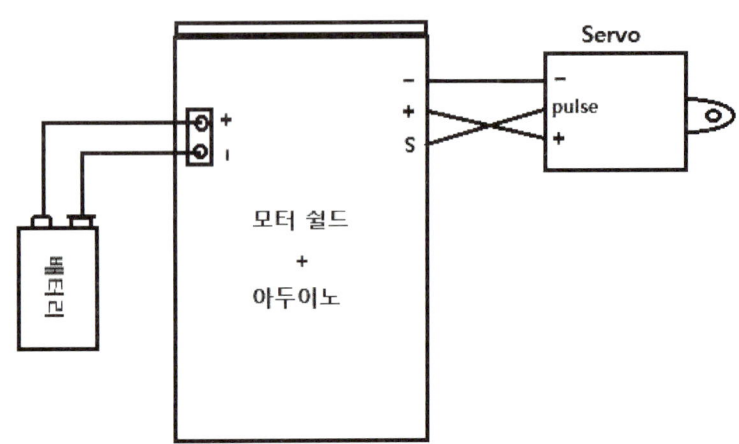

스텝 모터 컨트롤: 쉴드 사용

프로젝트에서 사용한 스텝 모터는 국내에 있는 Motorbank 사의 NK243-01AT 모델이며, 4V에서 작동하므로 추가 외부 전력 공급 필요 없이 테스트가 가능하다. 5V 이상에서 구동되는 스텝 모터를 사용하려면, 모터쉴드에 배터리를 연결하면 된다.

권선도

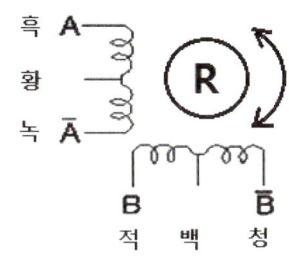

준비물
- 아두이노 우노 보드, 브레드 보드, 각 1개
- 스텝 모터 1개, 모터쉴드 1개, 배터리 6V~9V 1개

스케치

라이브러리에 있는 스케치를 사용했다. IDE를 오픈하고 파일 ⇒ 예제 ⇒ AFMotor-StepperTest를 선택하면 된다.

```
// Adafruit Motor shield library
// copyright Adafruit Industries LLC, 2009
// this code is public domain, enjoy!

#include <AFMotor.h>

// Connect a stepper motor with 48 steps per revolution (7.5 degree)
// to motor port #2 (M3 and M4)
AF_Stepper motor(200, 2);

void setup( ) {
  Serial.begin(9600);         // set up Serial library at 9600 bps
  Serial.println("Stepper test!");
```

```
  motor.setSpeed(10);  // 10 rpm
}

void loop( ) {
  Serial.println("Single coil steps");
  motor.step(400, FORWARD, SINGLE);
  motor.step(400, BACKWARD, SINGLE);

  Serial.println("Double coil steps");
  motor.step(400, FORWARD, DOUBLE);
  motor.step(400, BACKWARD, DOUBLE);

  Serial.println("Interleave coil steps");
  motor.step(400, FORWARD, INTERLEAVE);
  motor.step(400, BACKWARD, INTERLEAVE);

  Serial.println("Micrsostep steps");
  motor.step(400, FORWARD, MICROSTEP);
  motor.step(400, BACKWARD, MICROSTEP);
}
```

스케치 분석

■ 다른 스텝 모터용으로 작성된 스케치이다. 사용할 모터의 스펙에 맞게 수정하여야 한다. 모터 뒷면을 보면 1.8°/STEP라고 되어 있다. 한 바퀴 360° 회전하려면 200스텝이 필요하다.

■ **AF_Stepper motor**(1회전에 필요한 스텝, 커넥터 번호) (200, 2)를 사용하여 스텝 값과 2번째 커넥터 즉 M3, M4를 선택했다.

■ **motor.setSpeed(10);** 모터의 회전 속도를 결정하는 명령이다. 분 당 10회전 하는 속도로 결정한 것이다.

■ **motor.step**(스텝 수, 방향, 스텝 타입) 스텝 수를 400으로 올렸다.

하드웨어 연결

권선도를 보면 흑색과 녹색이 코일 한 세트의 끝단이다. 다른 세트는 적색과 청색이다. M3와 M4에 권선 세트별로 연결한다. 즉 M3에 청색과 적색, M4에 녹색과 흑색을 연결하면 된다.

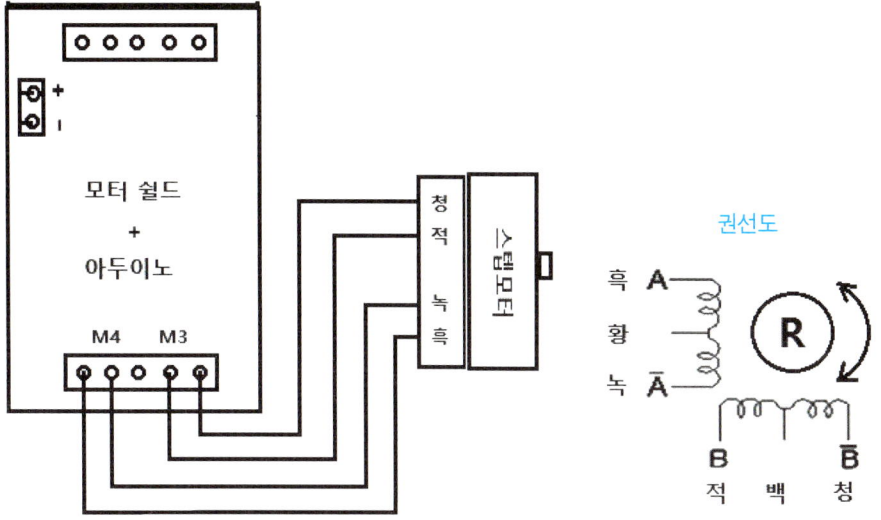

스케치를 컴파일하고, 업로드한다. 모터가 전진, 후진을 비롯하여 스케치에서 명령한 동작을 수행하는 것을 볼 수 있다.

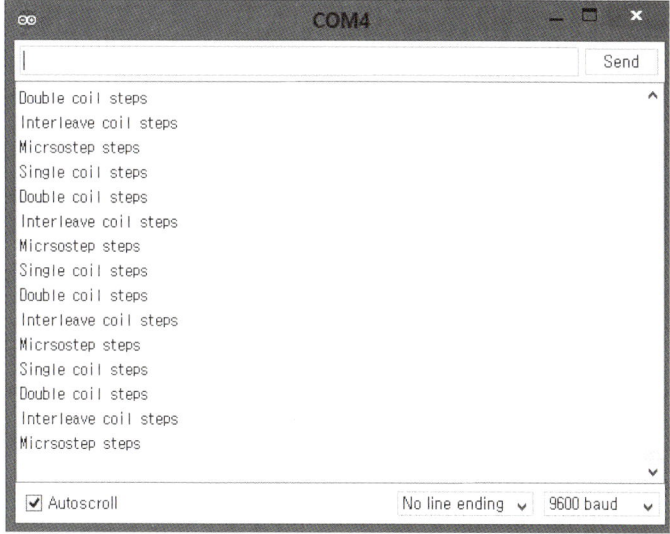

183

ARDUINO
제6부

프로젝트 결과물 콤팩트하게 만들기

1. 소형 Attiny85 칩 스케치 업로드하는 두 가지 방법
2. 소형 Attiny85로 4개 LED 구동하기
3. Atmega328 Pin Map

책에 있는 모든 프로젝트에서는 아두이노 보드를 사용했다. 로봇과 같이 콤팩트하게 만들어야 하는 프로젝트에서는 보드를 장착하는 것보다 프로그램된 칩을 사용하는 것이 유리하다. 아두이노 우노는 28개 핀을 가진 Atmega 328 칩을 사용하고 있다. DIP 타입 아두이노 보드의 장점은 스케치를 업로드한 다음 칩만 탈착하여 사용할 수 있다는 점이다. 스케치가 크지 않을 때는 가격이 매우 저렴한 Attiny85 칩을 사용할 수 있다. Attiny85는 8핀 칩이고 크기는 Atmega328의 1/3 정도이다. 아래 그림에 핀 레이아웃이 있다. 1, 2, 3, 7번 핀은 필요에 따라 디지털 또는 아날로그 핀으로 사용할 수 있다. 디지털 핀으로만 사용할 경우 D0~D5까지 6개 핀을 활용할 수 있다. 아날로그도 A0~A3까지 4개가 가능하다.

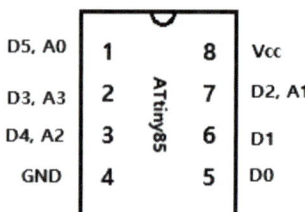

단 Atmega328은 스케치를 저장할 수 있는 플래시 메모리 사이즈가 32KB인데 반하여 Attiny는 8KB이다. 긴 프로그램을 사용해야 하는 경우에는 적합하지 않다. 또 다른 제약은 사용할 수 있는 언어와 라이브러리가 한정적이라는 점이다. 간단하게 I/O를 컨트롤 하는 언어는 사용할 수 있다. 아래에 Attiny85에서 사용가능 언어들을 리스트 해 놓았다. 몇 종류 안 되지만 핀에서 데이터를 읽고 쓰는 작업은 충분하게 할 수 있다. 4개의 LED를 컨트롤 하는 스케치를 이 프로젝트 끝 부분에서 만날 수 있다.

Attiny85 사용가능 아두이노 언어

pinMode()	digitalWrite()
digitalRead()	analogRead()
analogWrite()	shiftOut()
pulseIn()	millis()
micros()	delay()
delayMicroseconds()	SoftwareSerial

소형 Attiny85 칩에 스케치 업로드하는 두 가지 방법

Attiny85 칩에 스케치를 업로드시키기 위한 두 가지 방법을 소개한다. 첫 번째는 아두이노 우노 보드를 활용하는 방법이고 두 번째는 Attiny85 전용 프로그래머를 사용하는 방법이다.

첫 번째 방법: 아두이노 우노 보드를 프로그래머로 사용하는 것이다.

순서 1 라이브러리 다운로드 받기

1 사이트 https://github.com/damellis/attiny/에서 Tiny ZIP 파일 다운로드한다. ZIP파일 압축 풀기를 한다. attiny-master 파일 안에 있는 attiny 파일을 다음 2번에서 사용한다.

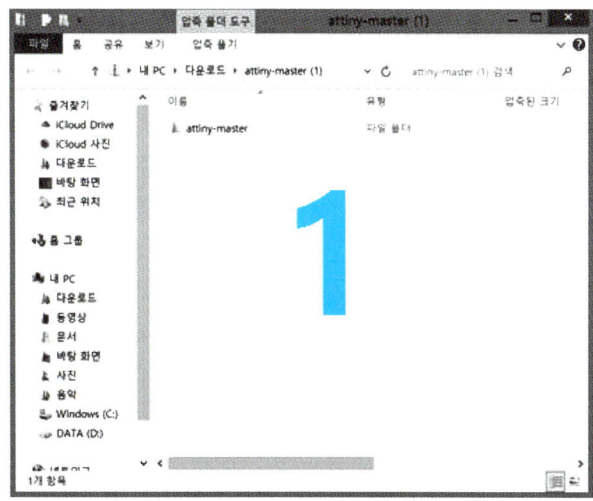

2 아두이노 IDE 폴더에 "hardware" 라는 새 파일을 만들고, attiny 파일을 여기에 옮긴다.

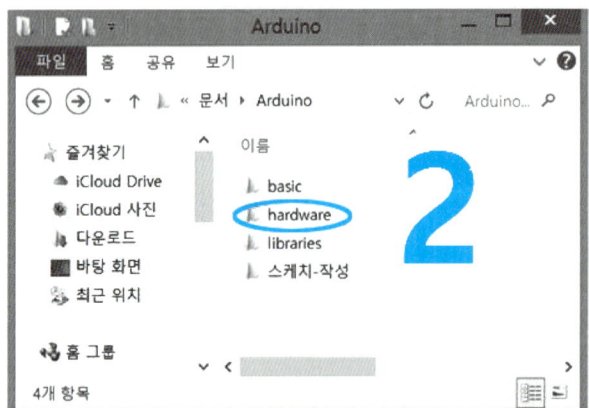

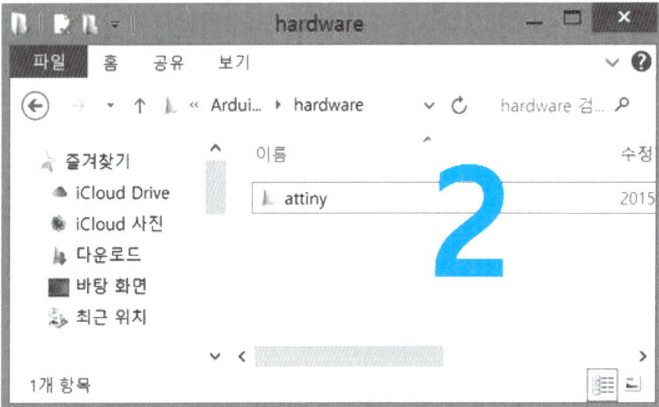

3 아두이노 IDE를 활성화시키고 도구 ⇒ 보드에 가면 Attiny85와 그 패밀리 그룹들이 들어와 있는 것을 확인할 수 있다.

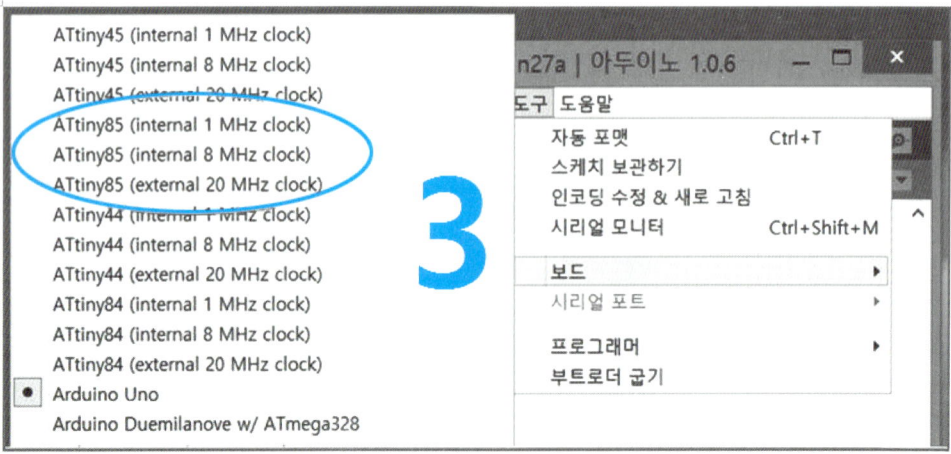

순서 2 하드웨어 연결

Attiny85와 아두이노 우노의 연결이 아래 표에 정리되어 있다.

Attiny 85	아두이노 우노
1	10 (Reset)
5	11 (MOSI)
6	12 (MOSI)
7	13 (SCK)
4	GND
8	+5V

아두이노 Reset 핀과 GND 사이에 10μF 커패시터를 연결한다.

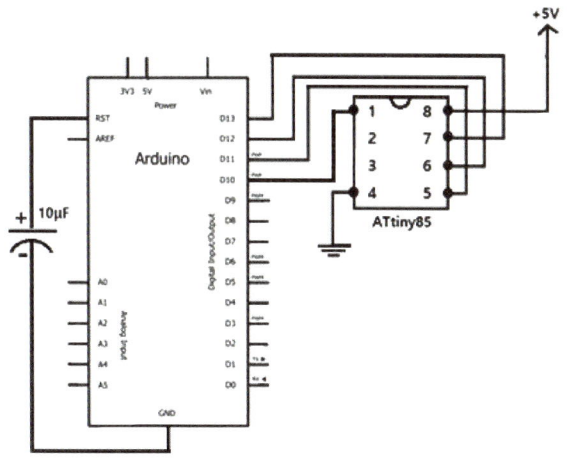

순서 3 작동시키기

1. IDE를 오픈한 다음 도구 ⇒ 보드 ⇒ Attiny85(internal 8MHz clock)를 선택하고, 도구 ⇒ 프로그래머 ⇒ Arduino as ISP를 선택한다.
2. 파일 ⇒ 예제 ⇒ 0.1Basic ⇒ Blink를 선택한다.
3. Blink 스케치에 있는 아래의 세 명령에서 13을 4로 바꾼다(ATtiny85에는 13번 핀이 없다).

> pinMode(13, OUTPUT) ⇒ pinMode(4, OUTPUT)
>
> digitalWrite(13, HIGH) ⇒ digitalWrite(4, HIGH)
>
> digitalWrite(13, LOW) ⇒ digitalWrite(4, LOW)

4 스케치를 확인(컴파일)하고, 업로드한다.

5 Attiny 칩을 아두이노에서 분리하여 3번 핀(D4)과 4번 핀(GND) 사이에 LED와 저항을 연결한다. 5V 전원을 연결하면 LED가 깜빡거리는 것을 볼 수 있다.

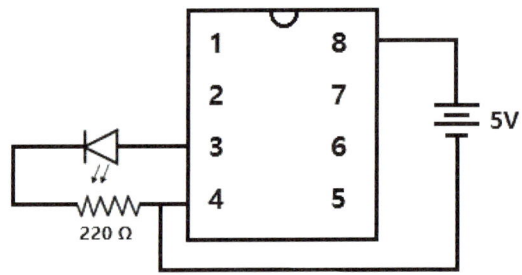

두 번째 방법: ATtiny85 전용 프로그래머 사용

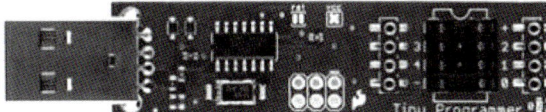

아두이노 보드로 Attiny85 칩을 프로그램 하기 위하여 점퍼 케이블 연결 등을 번거롭게 생각하는 독자들에게 추천하는 방법은 전용 프로그래머 사용이다. 온라인 매장 몇몇 곳에서 8핀 Attiny 전용 프로그래머를 판매하고 있다.

순서 1 소프트웨어 다운로드

1 아두이노에서와 마찬가지로 보드에 적합한 소프트웨어 드라이버를 설치해야 한다. USBTinyISP Driver를 구글에 입력하면 Sparkfun을 비롯한 여러 사이트에서 드라이버를 다운로드 받을 수 있다.

2 PC에서 제어판 ⇒ 시스템 ⇒ 장치관리자 ⇒ 포트에서 Attiny 전용 프로그래머가 연결되었음을 확인한다.

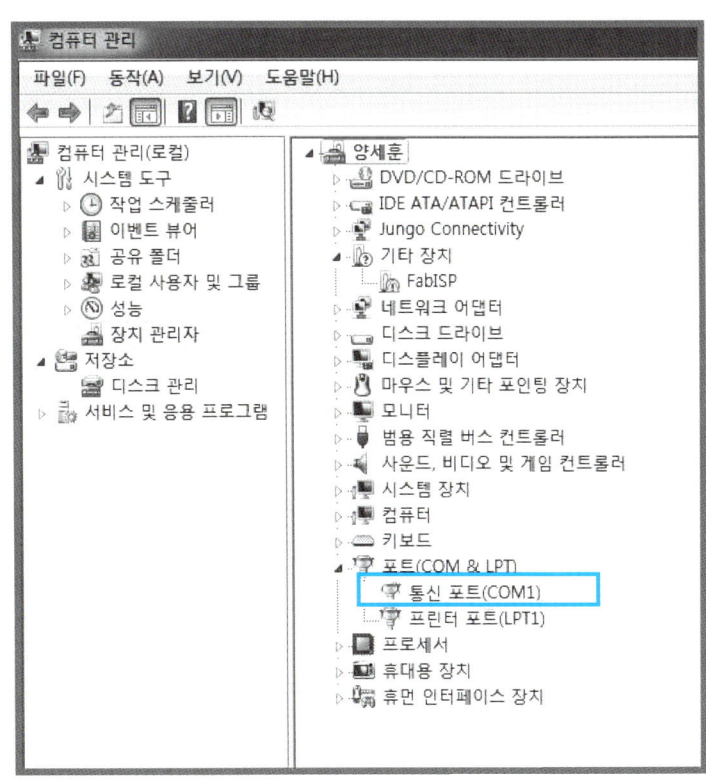

순서 2 하드웨어 연결

1 전용 프로그래머를 PC의 USB 포트에 연결한다.

191

순서 3 작동시키기

1 IDE를 오픈한 다음 도구 ⇒ 보드 ⇒ Attiny85(internal 1MHz clock)를 선택하고, 도구 ⇒ 프로그래머 ⇒ 1. USBtiny ISP를 선택한다.

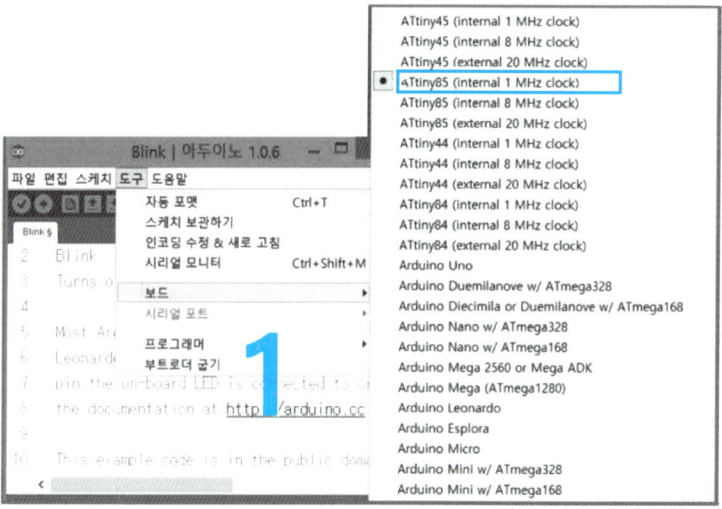

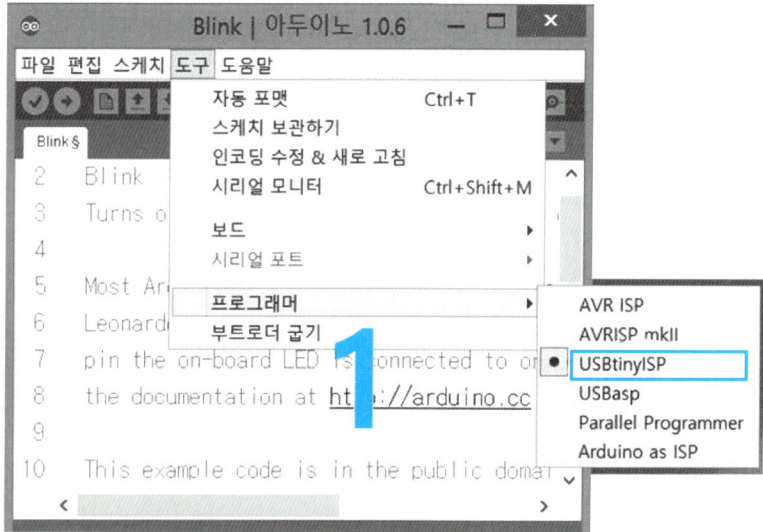

2 파일 ⇒ 예제 ⇒ 0.1Basic ⇒ Blink를 선택한다.

3 Blink 스케치에서 아래의 세 명령에서 13을 4로 바꾼다(ATtiny85에는 13번 핀이 없다).

pinMode(13, OUTPUT) ⇒ pinMode(4, OUTPUT)

digitalWrite(13, HIGH) ⇒ digitalWrite(4, HIGH)

digitalWrite(13, LOW) ⇒ digitalWrite(4, LOW)

4 스케치를 확인(컴파일)하고, 업로드한다.

5 프로그래머에서 칩을 분리하고, 핀 3번과 4번 사이에 LED와 220Ω 저항을 연결한 다음 전원을 연결하면 LED 깜빡임을 볼 수 있다.

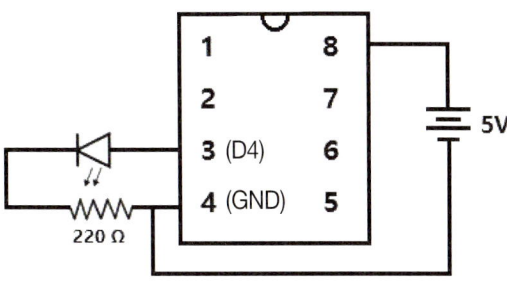

소형 Attiny85로 4개 LED 구동하기

작은 Attiny85로 4개의 LED를 순차적으로 ON시켰다 OFF시키고, 켜는 방향을 바꾸고 하는 스케치이다.

준비물
- Attiny85 IC 1개
- 색깔이 다른 LED 4개, 220 옴 저항 4개

 스케치

길어 보이지만 4가지 다른 색상의 LED를 컨트롤 하기 위한 반복이 대부분이다.

```
// 4 LED control with Attiny85

int ledA = 1;
int ledB = 2;
int ledC = 3;
int ledD = 4;
int i=0;

  // the setup routine runs once when you press reset:
  void setup() {
    // initialize the digital pins as an output.
    pinMode(ledA, OUTPUT);
    pinMode(ledB, OUTPUT);
    pinMode(ledC, OUTPUT);
    pinMode(ledD, OUTPUT);
  }

  void allBlink()
  {
  for (int i = 0; i < 20 ; i++)
    {
      digitalWrite(ledA, HIGH);
      digitalWrite(ledB, HIGH);
```

```
    digitalWrite(ledC, HIGH);
    digitalWrite(ledD, HIGH);
    delay(100);
    digitalWrite(ledA, LOW);
    digitalWrite(ledB, LOW);
    digitalWrite(ledC, LOW);
    digitalWrite(ledD, LOW);
    delay(100);
  }
}

void redGreenAlt()
{
  for (int i = 0; i < 20 ; i++)
  {
    digitalWrite(ledA, HIGH);
    digitalWrite(ledB, LOW);
    digitalWrite(ledC, HIGH);
    digitalWrite(ledD, LOW);
    delay(100);
    digitalWrite(ledA, LOW);
    digitalWrite(ledB, HIGH);
    digitalWrite(ledC, LOW);
    digitalWrite(ledD, HIGH);
    delay(100);
  }
}

void gapChase(boolean cw, boolean chaseHole)
{
boolean defaultLevel = chaseHole;
boolean positionLevel = !chaseHole;
if (cw == true)
{
  for (int i = 0; i < 20 ; i++)
  {
    for (int pos = 1; pos < 5; pos++)
    {
    digitalWrite(ledA, defaultLevel);
    digitalWrite(ledB, defaultLevel);
    digitalWrite(ledC, defaultLevel);
    digitalWrite(ledD, defaultLevel);
```

```
      digitalWrite(pos, positionLevel);
      delay(100);
        }
      }
    } else {
      for (int i = 0; i < 20 ; i++)
      {
        for (int pos = 4; pos > 0; pos--)
        {
          digitalWrite(ledA, defaultLevel);
          digitalWrite(ledB, defaultLevel);
          digitalWrite(ledC, defaultLevel);
          digitalWrite(ledD, defaultLevel);
          digitalWrite(pos, positionLevel);
          delay(100);
        }
      }
    }
  }

// the loop routine runs over and over again forever:
void loop() {

  allBlink();
  gapChase(true, false);
  gapChase(true, true);

  redGreenAlt();
  gapChase(false, false);
  gapChase(false, true);
}
```

스케치 분석

■ 함수를 3개 만들어 사용하고 있다. 즉 allBlink( ), redGreenAlt( ), gapChase(boolean cw, chaseHole)이다.

■ void loop에서 allBlink를 불러 ON시킨 다음 OFF시킨다. 이어서 gapChase를 불러 선택적으로 ON 및 OFF시키는 작업을 한다.

하드웨어 연결

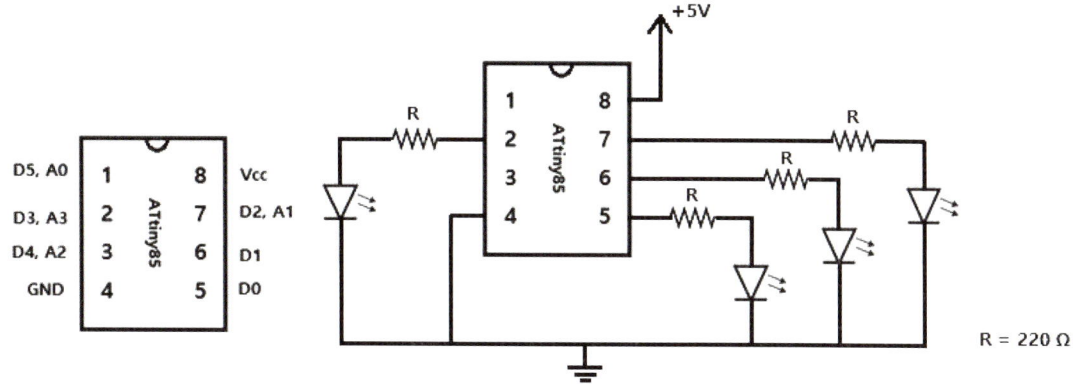

스케치를 컴파일하고, 업로드한다.

컴파일에 사용된 메모리는 1,578바이트이므로, 전체 사용가능 용량 8,000바이트까지는 아직 많이 남아 있는 것을 알 수 있다. 이제 4개의 LED가 만드는 댄스를 즐기세요.

Atmega328 Pin Map

Attiny85 칩을 탈거하여 사용한 것처럼 아두이노 우노 보드에 있는 Atmega328 칩도 스케치를 업로드하고 아래 핀 맵에 있는 Vcc에 전원을 공급하면 독립된 칩으로 사용할 수 있다.

```
(PCINT14/RESET) PC6 □ 1          28 □ PC5 (ADC5/SCL/PCINT13)
   (PCINT16/RXD) PD0 □ 2          27 □ PC4 (ADC4/SDA/PCINT12)
   (PCINT17/TXD) PD1 □ 3          26 □ PC3 (ADC3/PCINT11)
  (PCINT18/INT0) PD2 □ 4          25 □ PC2 (ADC2/PCINT10)
(PCINT19/OC2B/INT1) PD3 □ 5       24 □ PC1 (ADC1/PCINT9)
  (PCINT20/XCK/T0) PD4 □ 6        23 □ PC0 (ADC0/PCINT8)
                 VCC □ 7          22 □ GND
                 GND □ 8          21 □ AREF
(PCINT6/XTAL1/TOSC1) PB6 □ 9      20 □ AVCC
(PCINT7/XTAL2/TOSC2) PB7 □ 10     19 □ PB5 (SCK/PCINT5)
   (PCINT21/OC0B/T1) PD5 □ 11     18 □ PB4 (MISO/PCINT4)
(PCINT22/OC0A/AIN0) PD6 □ 12      17 □ PB3 (MOSI/OC2A/PCINT3)
   (PCINT23/AIN1) PD7 □ 13        16 □ PB2 (SS/OC1B/PCINT2)
(PCINT0/CLKO/ICP1) PB0 □ 14       15 □ PB1 (OC1A/PCINT1)
```

Atmega328 pin map

- 20번 핀에 +5V, 22번 핀에 –극을 연결한다.
- 핀 23번부터 28번까지는 아날로그 입력 A0~A5이다.
- 디지털인 경우 D2는 4번 핀, D3는 5번 핀, D4는 6번 핀 등 핀 맵에서 쉽게 파악할 수 있다.

Appendix 1: 아두이노 소프트웨어 다운로드 방법 상세 설명
Appendix 2: 윈도우 8 컴퓨터에 장치 드라이버 설치하기
Appendix 3: 전자응용 (한 걸음 더 진전하여 큰 파워 컨트롤하기)
          1. 저항
          2. 커패시터
          3. 다이오드
          4. 트랜지스터
          5. 달링턴 트랜지스터
          6. 옵토 커플러
          7. 릴레이
Appendix 4: 아두이노 Uno R3 하드웨어
Appendix 5: 아두이노 패밀리 소개

APPENDIX 1

아두이노 소프트웨어 다운로드 방법 상세 설명

소프트웨어 다운 받기

1 아두이노 소프트웨어 IDE는 무료 공개 소프트웨어다.

아두이노 본사 사이트 www.arduino.cc를 입력하면 아래와 같은 창이 열린다.

2 홈 화면에서 Download를 클릭한다.

3 Download 창에서 본인이 가지고 있는 PC 운영체제와 같은 IDE(통합개발환경) 소프트웨어를 클릭하여 다운로드한다. Window Installer를 사용해도 되고, Window ZIP file을 다운해서 압축을 풀어 사용해도 된다. 아두이노 바로가기를 바탕화면에 만들어 사용하면 편리하다.

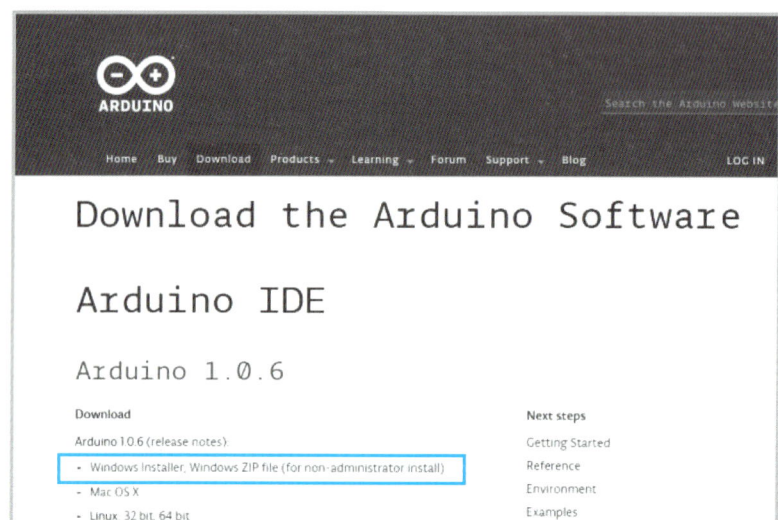

컴퓨터에 익숙하지 않으면 Window Installer를 사용할 것을 추천한다. Window Installer를 클릭하면 프로그램이 다운로드 되며, 다운로드 된 장소는 컴퓨터 바탕화면에서 오른쪽 아이콘과 같은 내 컴퓨터 아이콘을 클릭한다.

4 아래와 같은 화면이 열린다, 이제 왼쪽에 있는 다운로드를 클릭하면,

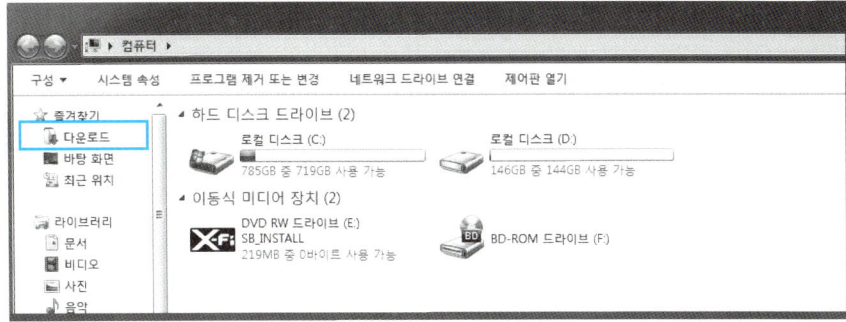

5 아래와 같이 arduino~.exe 파일이 다운로드 되어 있는 것을 볼 수 있다. 이 파일을 더블 클릭하면,

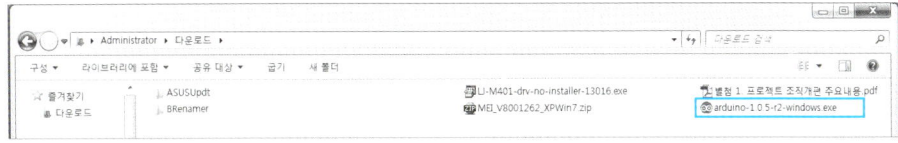

5 아래와 같은 안내가 나온다. 이 창에서 실행(R))을 클릭해서 작업을 수행하게 한다. 실행하면서 라이선스에 동의하느냐 I Agree에 클릭(어차피 공짜임), 다음 화면 NEXT 클릭, Install 클릭하면 최종적으로 Completed 화면이 나온다. 이제 Close를 클릭하면 소프트웨어 다운 완료!!! 바탕화면에 아두이노 바로가기 아이콘 을 확인하면 완전한 성공이다.

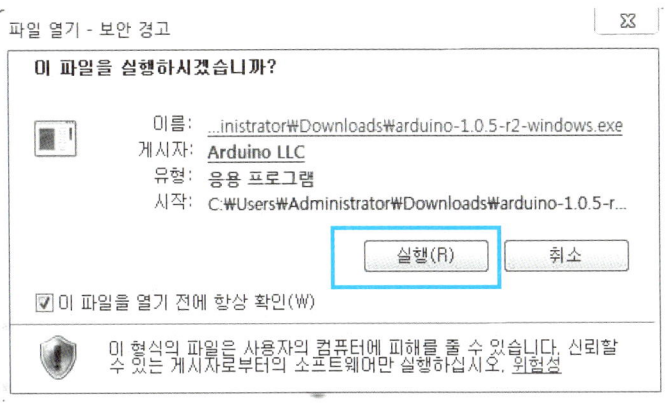

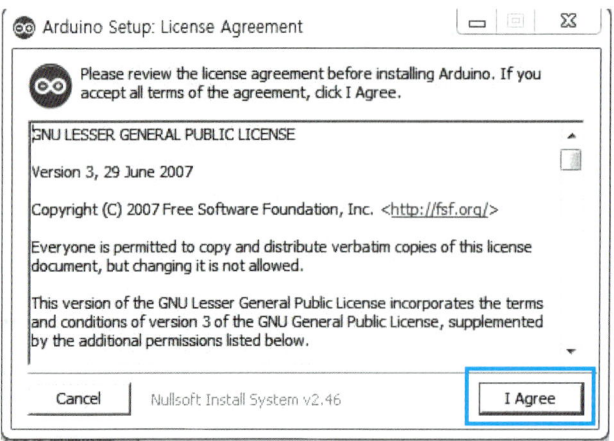

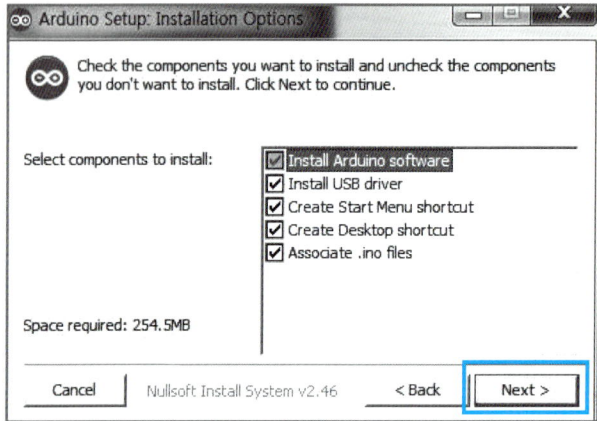

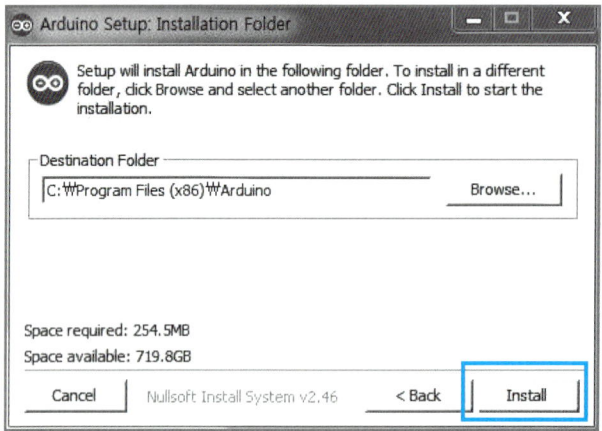

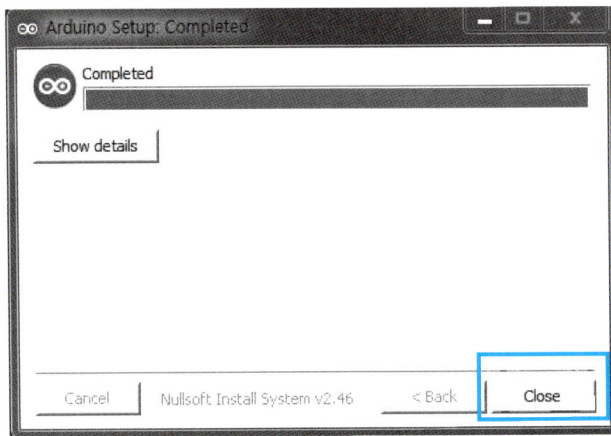 

APPENDIX 2

윈도우 8 컴퓨터에
장치 드라이버 설치하기

윈도우 8이 장착된 PC는 아래 방법을 따라 하면 된다.

1 '실행' 창에서 cmd를 쳐서 '명령 프롬프트' 창을 오픈한다.

2 다음 명령어를 입력한다. 'shutdown.exe /r /o /f /t 00' (※여기선 띄어쓰기도 중요하다)

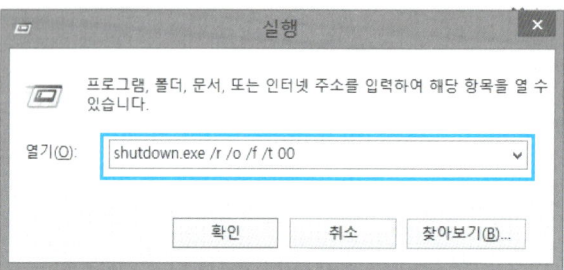

3 다음과 같은 창이 열리면, 모니터에 나타난 "문제해결"에 마우스 커서를 위치시키고 클릭한다.

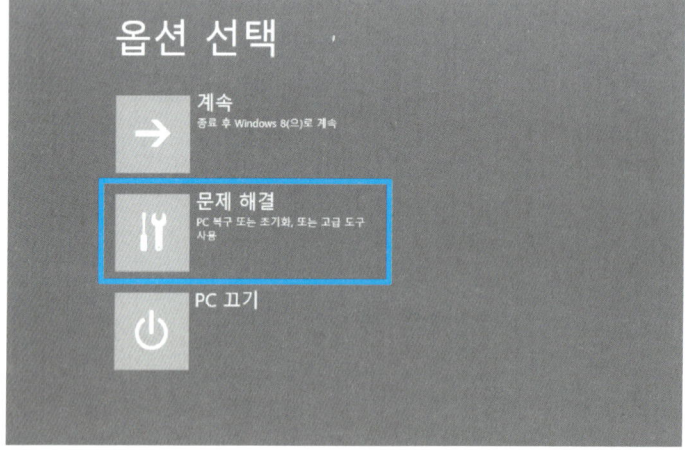

4 열린 문제해결 창에서 고급옵션을 선택하여 클릭한다.

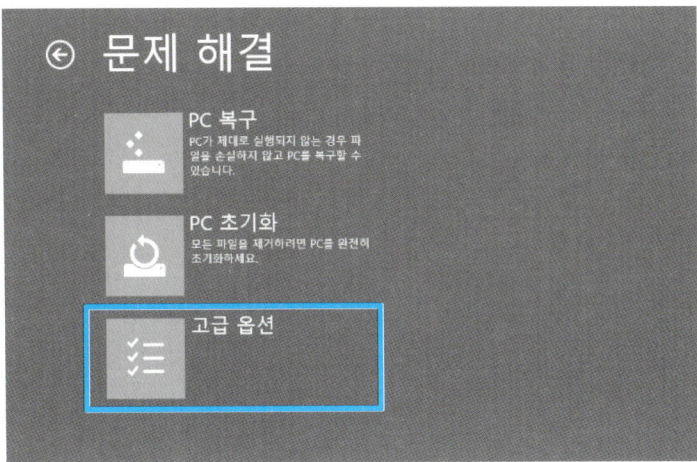

5 열린 고급옵션 창에서 시작설정을 클릭한다.

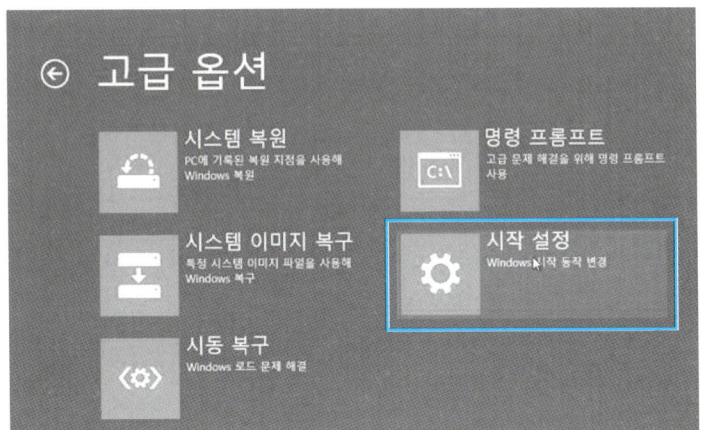

6 열린 시작설정 창에서 다시시작을 클릭한다.

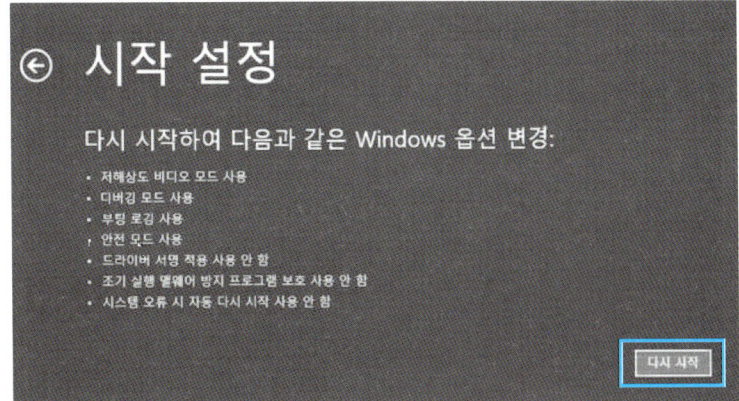

7 열린 시작설정 창에서 숫자 7번(또는 키보드에서 F7)을 클릭하면 자동 재부팅되면서 설정이 완료된다.

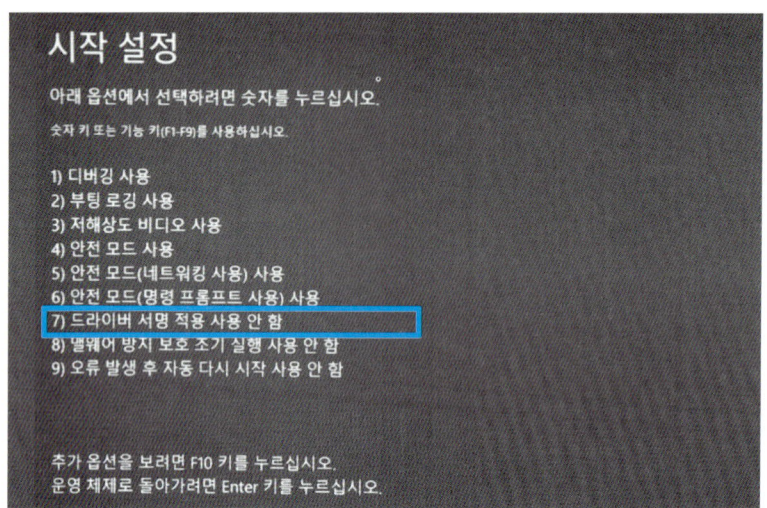

APPENDIX 3

전자응용
(한 걸음 더 진전하여 큰 파워 컨트롤하기)

1 저항

저항은 거의 모든 전자회로에서 사용되고 있는 필수 부품이다. 저항의 역할은 전자 부품에 큰 전력이 흘러 들어가지 않게 작은 전류로 만드는 것이다. 9V 배터리에 20mA 용량의 LED를 직접 연결하면 순식간에 LED는 고열로 파괴된다. 배터리와 LED 사이에 저항을 연결하여 전류를 낮추어 주어야 한다. 아래 그림에 계산한 것과 450Ω 저항을 연결해 주어야 한다.

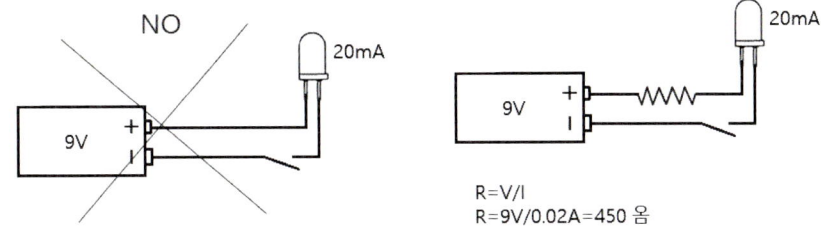

R=V/I
R=9V/0.02A=450 옴

저항 사용에서 반드시 점검하여야 하는 사항은 저항의 전력 용량(Power Rating)이다. LED와 연결하여 사용하는 저항의 전력 용량은 1/4W(=0.25W)이다. 저항이 견딜 수 있는 전력용량 미만 범위에서 사용해야 한다. 위에서 사용한 450옴 저항에 인가되는 전력(P=VI)을 계산하면 P=9×0.02=0.18W이므로 0.25W보다 적어 안전하다. 전원으로 9V가 아니라 20V를 사용하면 P=0.4W이므로 0.5W 이상의 전력용량과 값이 큰 저항을 사용해야 한다. 전력 용량과 정밀도에 따라 저항을 선택하는 것이 필요하다.

2 커패시터

커패시터는 전기를 순간적으로 저장하는 부품이다. 일정한 전압 사용이 필요한 곳에 사용된다. 주의할 점은 저항과 마찬가지로 커패시터도 사용 가능한 전압이 있다. 안전을 위하여 표시용량의 1/2 수준 전압에서 사용할 것을 강력하게 권고한다. 저항과 다르게 극이 있는 커패시터도 있다는 점도 유의해야 한다.

커패시터는 ① 전압을 일정하게 ② 모터 스타트 할 때 순간 추가 전력 공급원으로 ③ 노이즈 필터링 ④ 오실레이터 회로 등 많은 분야에 사용되고 있는 부품이다.

3 다이오드

다이오드는 실리콘 반도체 중에서 가장 기본이 되는 부품이다. LED 는 빛을 방출하는 다이오드이다. 양극과 음극이 있어 배터리의 +와 – 극을 바른 방향으로 연결하면 빛을 발광하고 그 반대이면 반응이 없 다. 이것은 다이오드가 전류를 한 방향으로만 흐르게 하는 특성 때문

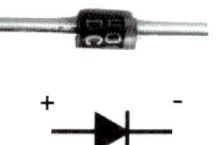

이다. 다이오드는 교류를 직류로 만드는 정류기, 역 전류 방지 부품(모터 등)을 비롯한 수많은 전 자제품에 사용되고 있다. 아래에 다이오드가 전류를 한 방향으로만 흐르게 하는 기능을 그림으 로 표현했다.

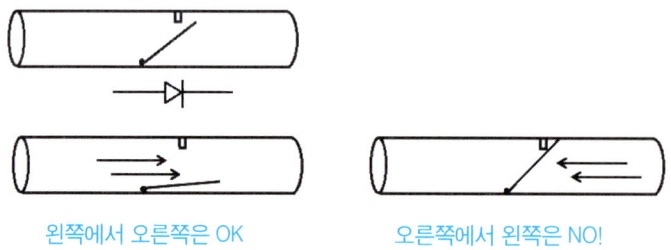

왼쪽에서 오른쪽은 OK　　　　　오른쪽에서 왼쪽은 NO!

12볼트 전원에 다이오드가 올바른 방향으로 연결되면 아래와 같이 전구에서 빛이 발생한다. 이것 을 회로도로 표현한 그림이 아래에 있다. 전구의 저항을 100옴이라고 했을 때 전구에서의 전류를 계산해 보자. LED와 저항이 직렬 선상에 있으므로 전류는 같다. 그러나 주어진 상황만으로는 전 류를 계산할 수 없다. LED에서 소모되는 전압을 알아야 한다. 실리콘 다이오드는 내부에서 약 0.7V 의 전압 차이가 생긴다. 직렬연결이므로 저항에서의 전압은 11.3V가 된다. V=IR에서 I=V/R 이므로 I=11.3/100=0.113 A가 된다. 보편적으로 많이 사용되는 다이오드는 1N4001이다. 다이오 드를 선택할 때에는 허용 가능한 전류와 전압을 데이터 쉬트에서 확인하여야 한다.

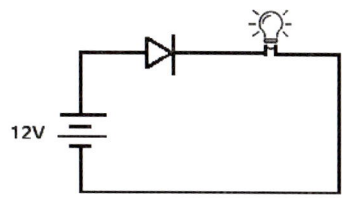 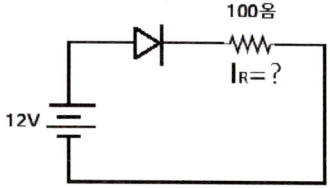

4 트랜지스터(Transistor)

디지털 기술에서 핵심인 트랜지스터의 역할은 스위치이다. 아래 그림에서 보듯이 트랜지스터는 전기적으로 ON, OFF시키는 스위치 역할을 하는 것이다. NPN과 PNP 2가지 타입이 있으며, 스위치를 ON 시키려면 NPN 트랜지스터를 사용하는 경우에는 베이스에 +를 걸어 주면 되고, PNP 타입을 사용할 때는 베이스에 −를 걸어 주면 된다. 아래 우측 그림에 있는 스위치와 같은 역할을 하는 형태를 나타내었다.

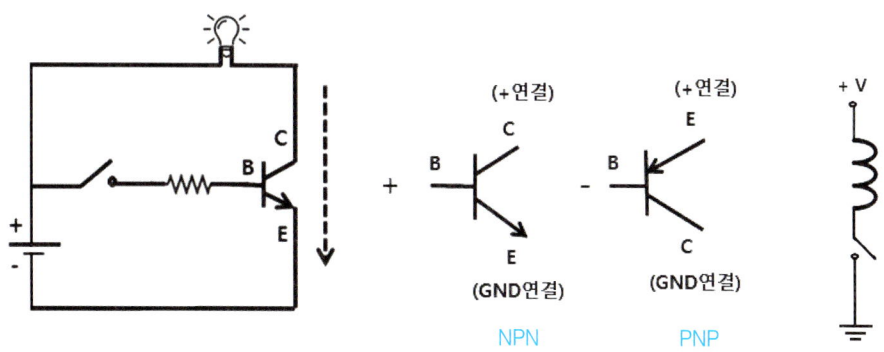

모터 컨트롤을 설명할 때 트랜지스터를 사용했었다. 작동에 필요한 저항과 전류를 계산해 보자. NPN 타입 트랜지스터가 95% 정도 많이 사용되기 때문에 여기에서는 NPN을 사용하는 예를 들었다. (PNP를 사용하는 경우는 전류의 극만 바꾸어 사용하면 된다.)

3W@12V 모터를 사용한다고 했을 때, 전력(P)은 전압(V)×전류(I)이다. 즉 P=VI에서 모터 구동에 사용되는 전류 I=P/V=3W/12V =0.25A가 된다. 아두이노 디지털 핀에서 안전하게 사용할 수 있는 전류 값은 20mA이므로 트랜지스터를 사용하여 250mA를 컨트롤하는 것이다. 모터는 코일로 구성되어 있으므로 아래와 같은 코일 모양으로 표시하기로 하자.

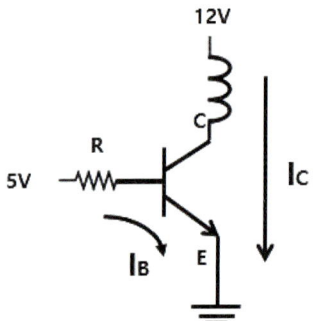

콜렉터(C)와 에미터(E) 사이 전류 Ic는 트랜지스터의 확대율(ß : gain)에 베이스(B)와 에미터(E) 전류 IB를 곱한 값과 같다.
$I_C = ß \times I_B$

2N2222 트랜지스터인 경우 게인(Gain) ß 는 100이다. 즉 베이스(B)에 1mA를 공급하면 컬렉터(C)와 에미터(E) 사이에 100mA의 전류를 흐르게 할 수 있다. 예제의 경우 Ic에 250mA 전류가 통과하게 해야 하므로 베이스에는 2.5mA 이상 전류를 보내 주면 된다.

아두이노에서 5V가 공급된다. 그러나 다이오드에서와 같이 실리콘 반도체인 트랜지스터는 약 0.7V 볼트 드롭이 있다. 따라서 베이스에 공급되는 전류 IB=(5-0.7)/R이어야 한다. IB=2.5mA이므로 R=(5-0.7)/0.0025=1720Ω 이다. 충분한 전류를 보내주기 위하여 1.5KΩ 저항을 사용하면 된다. 기본적인 구성은 되었지만 모터는 코일이 있기 때문에 갑자기 정지하면 역 전류가 생겨 아두이노 디지털 핀을 타고 들어가서 MCU를 손상시킬 수 있다. 다이오드를 추가해서 문제를 해결해 주어야 한다. 적은 용량의 커패시터를 추가하여 안정적인 전류가 흐르게 할 수 있다. 최종적인 회로는 오른쪽 그림과 같다. 프로젝트에서 사용한 2N2222 트랜지스터는 1A(암페어) 전류까지 사용할 수 있다. 더 큰 전류 컨트롤용으로는 2N3035와 같은 트랜지스터가 있으며 15A까지 사용할 수 있다. 트랜지스터는 안전을 고려하여 최대 용량의 50~60% 정도에서 사용하는 것이 좋다. 트랜지스터 2개를 직렬로 연결하여 사용하는 방법도 있고 다음의 달링턴 트랜지스터를 사용하는 방법도 있다. 2개를 직렬로 연결하는 것보다 하나의 달링턴을 사용하는 것이 편리하다.

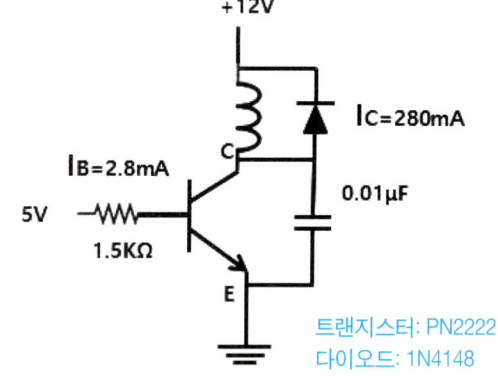

5 달링턴 트랜지스터(Darlington Transistor)

앞에서 트랜지스터 하나를 사용하여 250mA 모터를 컨트롤했다. 달링턴 트랜지스터를 사용하면 수십 A(암페어) 이상의 전기기기를 컨트롤 할 수 있다. 달링턴 트랜지스터는 두 개의 트랜지스터를 묶어서 한 개로 만든 것이다. 트랜지스터를 2개 연결했을 때, 게인 값은 각각의 게인 값을 곱한 값과 같다. 트랜지스터 2N3055(게인=20)와 2N2222(게인=100)을 서로 연결하면 전체 게인은 2000이 된다. 달링턴 트랜지스터 TIP120은 NPN 타입이며, 게인은 1000이고 최대 전류는 5A이다.

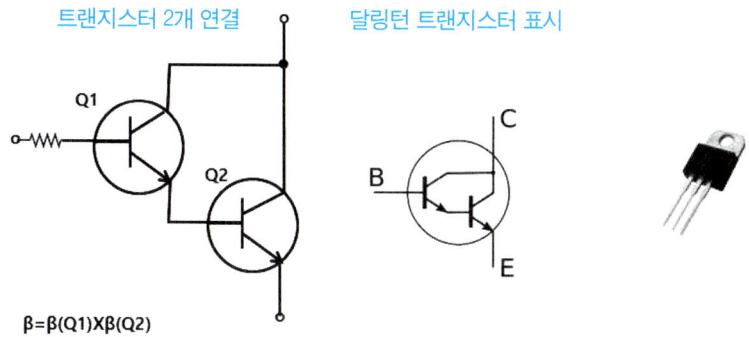

달링턴 트랜지스터를 사용한 예제 회로를 아래 그림에 나타냈다.

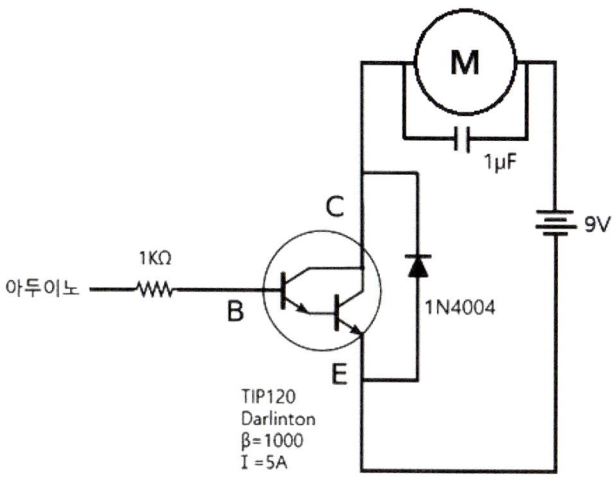

6 옵토 커플러 (Opto-coupler)

옵토 커플러는 빛을 이용한 연결기라는 뜻이다. 다른 이름은 빛으로 차단한다는 뜻인 옵토 아이솔레이터(Opto-Isolator)라고 부르기도 한다. 아래 그림을 보면 단자가 서로 분리되어 있는 것을

211

볼 수 있다. 1번과 2번은 LED의 아노드(+)와 캐소드(-)이다. LED가 ON 되면 빛을 발생시켜서 우측 포토 트랜지스터를 작동하게 하는 구조이다. 4번과 5번에 모터를 비롯한 전기 부품을 연결하면 된다. 높은 전압을 사용할 때 그리고 AC 전기를 사용할 때 안전을 기하기 위한 부품이다.

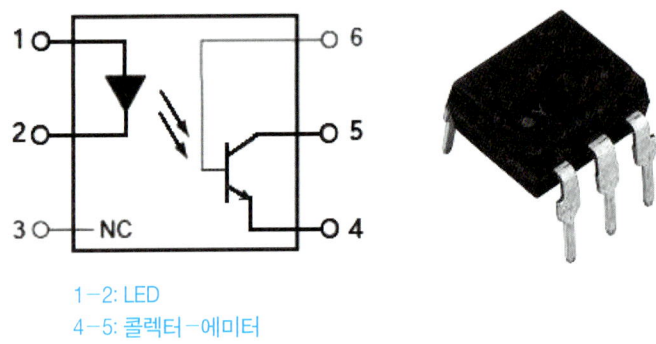

1-2: LED
4-5: 콜렉터-에미터

24V 직류 전구를 옵토 커플러로 ON/OFF 시키는 예를 보자.

모토롤라 4N25 데이터 시트에 컬렉터와 에미터 사이 전압은 30V, 전류는 150mA으로 되어 있다.

OUTPUT TRANSISTOR

Collector–Emitter Voltage	V_{CEO}	30	Volts
Emitter–Collector Voltage	V_{ECO}	7	Volts
Collector–Base Voltage	V_{CBO}	70	Volts
Collector Current — Continuous	IC	150	mA
Detector Power Dissipation @ $T_A = 25°C$ with Negligible Power in Input LED	P_D	150	mW
Derate above 25°C		1.76	mW/°C

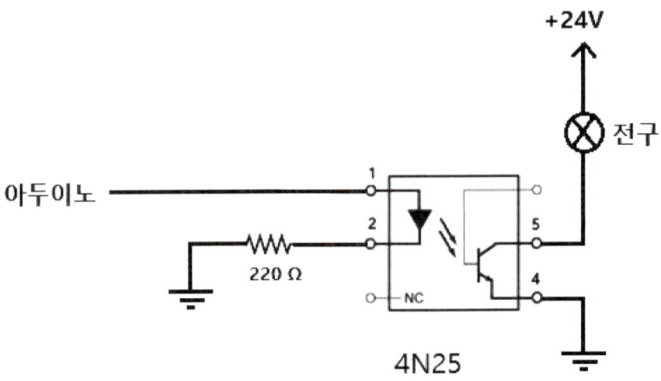

위 회로는 아두이노 전류와 전구에 공급되는 전류는 분리하였지만 작동 한계가 150mA밖에 되

지 않는다는 단점을 가지고 있다. 이를 극복하기 위하여 옵토 커플러와 달링턴 트랜지스터를 연결하여 사용하기도 한다.

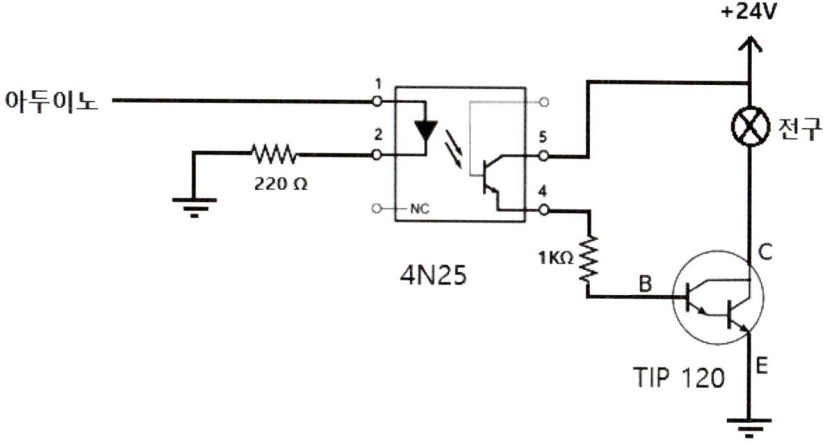

TIP 120 달링턴 트랜지스터를 사용 100배 큰 전류를 컨트롤할 수 있다.

옵틱 기술을 활용하여 파워 라인을 컨트롤하는 부품으로 Opto-Diac, Opto-Traic과 Solid State Relay가 있다. AC 전원에 주로 사용되고 있다.

> AC !!! 전기를 사용할 때는 매우 세심한 주의가 필요하다. 높은 전압과 전류로 인하여 큰 사고가 발생할 수 있으므로 전문가의 도움이 절대적으로 필요하다. 아파트에 있는 콘센트에서 나오는 220V에 전구를 연결할 때도 전구의 전력용량(W: 와트)에 따라 전선의 굵기가 달라진다. 전자에서 사용하는 얇은 선을 사용하면 흐르는 전류를 버티지 못하여 스파크가 발생하고, 절연체에 화염 발생하여 화재를 야기할 수 있다. 안전이 최우선이다!!!

7 릴레이

홈오토메이션을 하려면 전등, TV, 냉장고, 세탁기를 비롯한 많은 전기기기를 아두이노 신호로 컨트롤할 수 있어야 한다. 앞에 설명한 트랜지스터는 주로 DC 전기를 컨트롤 할 때 사용하고 AC 전기는 고전압이어서 위험하기 때문에 릴레이와 같이 확실하게 전자 파트와 전기 파트를 분리하여 컨트롤할 수 있는 부품을 사용해야 한다.

릴레이는 전자석을 이용한 스위치이다. 내부는 왼쪽에 있는 투명 케이스 안에 코일이 있는 형태이다. 코일에 전기를 공급하면 접점을 끌어 당겨 스위치가 ON 상태가 되도록 하는 것이다. 코일에 전기를 공급하는 부분과 스위치 접점이 서로 분리되어 있어 AC와 같은 고압 전원 스위치에 적합한 형태이다. 아두이노 전원으로 릴레이를 작동시켜 220V AC전원을 컨트롤 하는 회로를 소개한다.

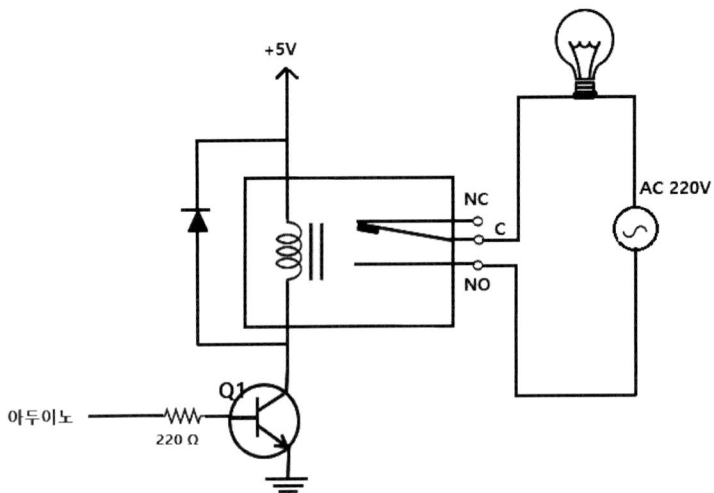

APPENDIX 4

아두이노 Uno R3 하드웨어

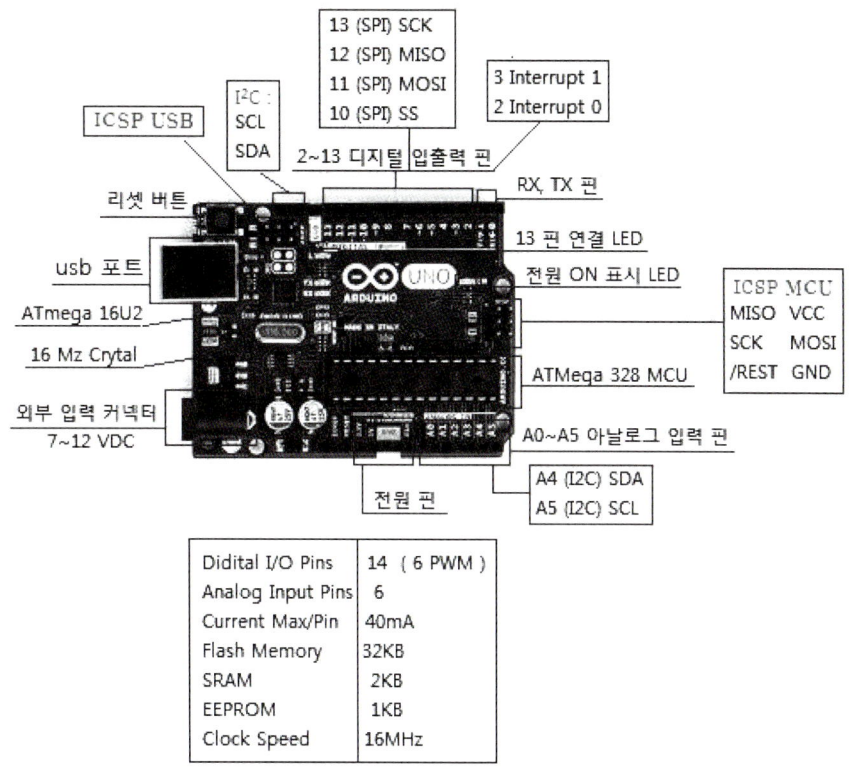

APPENDIX 5

아두이노 패밀리 소개

아두이노는 형제자매가 많이 있다. UNO는 크기가 7.5X5.3cm로 손바닥 안에 들어가는 사이즈이다. 하드웨어가 같은 사양인 Nano는 4.3×1.8cm이며 더 소형화된 보드들도 있다. 아래 사진에 있는 UNO는 DIP 타입이다. SMD 타입은 소형화된 칩을 사용하여 PCB 보드에 고정되어 있는 형태이다. 콤팩트한 제품을 만들 때, 저 에너지 소모 제품을 만들 때 유리하다. 아래 그림에 나타내지 않은 보드들도 있다. 아래 주요 보드 사양을 리스트했다.

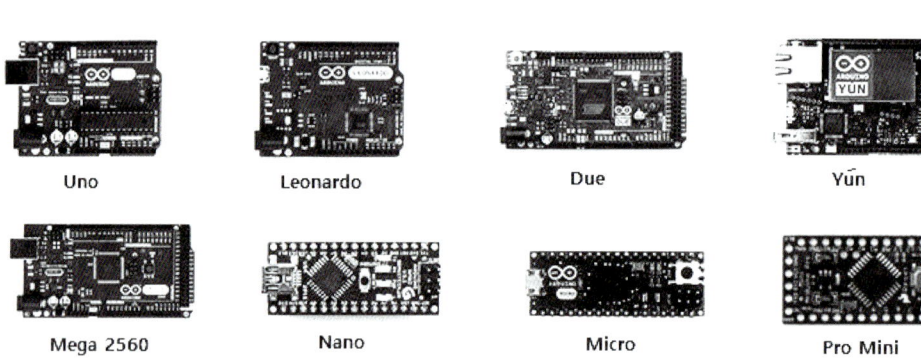

아두이노 주요 보드 사양 비교

이름	속도: MHz	아날로그 In/Out	디지털 IO/PWM	플래시 메모리 :KB
Uno	16	6/0	14/6	32
Leonardo	16	12/0	20/7	32
Due	84	12/2	54/12	512
Yún	16	12/0	20/7	32
Mega 2560	16	16/0	54/15	256
Nano	16	8/0	14/6	32
Micro	16	12/0	20/7	32
Pro Mini	16	6/0	14/6	16

참고문헌

- 《Arduino.cc》
- 《아두이노 프로젝트 65》 존북살 지음/전철 옮김, 비제이 퍼블릭
- 《Atmel data sheet》 Atmel
- 《Make: 아두이노 DIY 프로젝트》 키모 카르비넨 지음/배지은 옮김, 한빛미디어
- 《아두이노 쿡북 2nd》 마이클 마골리스 지음/윤순백 옮김, 제이펍
- 《스케치로 시작하는 아두이노 프로그래밍》 싸이먼 멍크 지음/윤순백 옮김, 제이펍
- 《아두이노 완전정복》 김경언, 장정형, 박민상, DB, Info
- 《익스플로링 아두이노》 Jeremy Blum 지음, 김찬웅 역, 한빛아카데미
- 《MIT High Low Tech Group》
- 《Arduino programming notebook》 brian w. Evans
- 《Sparkfun》
- 《Adafruit》

찾아보기

▶ 기호

!   75
!=   75
%   51
&&   75
\n   141
==   75
|| 66, 75

▶ A

analogRead( )   46
analogWrite( )   38, 46
ASCII code   78
attachinterrupt (, ,)   71
Attiny 85   187, 191
Atmega328   198

▶ B, C

baud   40
begin( )   41, 74
boolean   79
char   78
const   78
CDS   87
CS   128

▶ D, E, F

DC 모터   145
#define   60, 78
delay( )   30
digitalRead( )   43, 46
digitalWrite( )   30, 46
for(; ;)   38, 74, 77
Echo   61
DHT11   63
Enable   154

▶ G, H, I

H-브리지   154, 158
I2C   111
if   74
IR   92
#include   78
isnan( )   66
GYRO   118

▶ L, M

LED   33
L293D   154, 159
loop( )   29

▶ M, N

map( )   85
MCU   31
MISO   108, 124
MOSI   108, 124
millis( )   74
notone( )   100

▶ P, R

parseInt( )   42
pinMode   29, 46
processing   132
purseIn( )   60

PWM 37
RGB 53
RX 106
Rheostat 126

S
SCL 107, 111
SCK 108
SDO 128
SDI 128

T, U
TC74 121
tone( ) 97
Trig 61
TX 106
UNO 32
USART 106

V, W
volatile 70
while( ) 76
Wire 라이브러리 116
Wire.available( ) 115
Wire.beginTransmission( ) 112
Wire.endTransmission( ) 112
Wire.read( ) 113
Wire.requestFrom( ) 113
Wire.write( ) 112
Wire.begin( ) 112

ㄱ, ㄴ
가변저항 83, 152, 126
가속도 센서 94

ㄷ, ㄹ, ㅁ
다이오드 147, 208
달링턴 트랜지스터 211
듀티 사이클 38
디지털 가변저항 126
드라이버 16
라이브러리 63
릴레이 213
마이크로컨트롤러 31
모션감지 56
모터쉴드 175

ㅂ, ㅅ
변수 70
브레드 보드 20
베이스 210
서보 모터 164, 179
시리얼 모니터 40
시리얼 통신 106
시리얼 포트 27
스텝 모터 171, 181

ㅇ, ㅈ, ㅊ
아날로그 82
에미터 209
온도습도센서 63
옵토커플러 211
자이로 118
저항 207
적외선 92
전압 86
주소 111
초음파센서 59

▶ ㅋ, ㅍ

커패시터 147, 207
컬렉터 209
터치 센서 102

트랜지스터 147, 209
포텐시오미터 126, 166
풀다운 저항 46
프로세싱 132